SPRACH-VERMITTLUNGEN 3

Hrsg. Konrad Ehlich

Astrid Porila,
Jan D. ten Thije

Gesprächsfibel für interkulturelle Kommunikation in Behörden

Martin Meidenbauer »

Astrid Porila ist Stipendiatin des Promotionskollegs „Interkulturalität in Bildung, Ästhetik, Kommunikation" der Stiftung Universität Hildesheim. Promotionsthema: Gesprächsstrategien von Mitarbeitern deutscher und estnischer Ausländerbehörden.
Lehraufträge an der Technischen Universität Chemnitz, der Universität Bayreuth und der Stiftung Universität Hildesheim. Trainerin für interkulturelle Kommunikation in Behörden und Dozentin für Deutsch als Fremdsprache.
Kontakt: astrid.porila@uni-hildesheim.de

Jan D. ten Thije ist Senior lecturer / researcher an der Utrecht Universiteit, Niederlande. Frühere Tätigkeiten: Hochschuldozent für Interkulturelle Kommunikation und Interkulturelles Training an der Technischen Universität Chemnitz und Gastprofessur für Angewandte Sprachwissenschaft an der Universität Wien.
Kontakt: Dr. Jan D. ten Thije, Department of Dutch Language and Culture, Utrecht Institute of Linguistics (UIL-OTS), Utrecht Universiteit, http://www.let.uu.nl/~Jan.tenThije/personal/

Die Deutsche Bibliothek verzeichnet diese Publikation in der Deutschen Nationalbibliografie; detaillierte bibliografische Daten sind im Internet über http://dnb.ddb.de abrufbar.

© 2008 Martin Meidenbauer
Verlagsbuchhandlung, München

Umschlagabbildung: © U. Bauer 2007

Alle Rechte vorbehalten. Dieses Werk einschließlich aller seiner Teile ist urheberrechtlich geschützt. Jede Verwertung außerhalb der Grenzen des Urhebergesetzes ohne schriftliche Zustimmung des Verlages ist unzulässig und strafbar. Das gilt insbesondere für Nachdruck, auch auszugsweise, Reproduktion, Vervielfältigung, Übersetzung, Mikroverfilmung sowie Digitalisierung oder Einspeicherung und Verarbeitung auf Tonträgern und in elektronischen Systemen aller Art.

Gedruckt auf chlorfrei gebleichtem, säurefreiem und alterungsbeständigem Papier (ISO 9706)

ISBN 978-3-89975-147-5

Verlagsverzeichnis schickt gern:
Martin Meidenbauer Verlagsbuchhandlung
Erhardtstr. 8
D-80469 München

www.m-verlag.net

Eine ‚Gesprächsfibel' aus der Praxis für die Praxis
– Zur Einführung

Die Bundesrepublik Deutschland ist ein Land, das von Migration geprägt ist. Diese Eigenschaft teilt die Bundesrepublik mit den meisten west- und mitteleuropäischen Staaten. Die verschiedenen Länder gehen damit unterschiedlich um. Sie verfügen über unterschiedliche Erfahrungen und haben unterschiedliche Praktiken des Umgangs mit der *Realität der Migration* entwickelt. In der Bundesrepublik hat es lange gebraucht, bis die Mehrheit der Politiker und Politikerinnen sich auf die Situation eingestellt hat, bis sie sie akzeptiert hat. Inzwischen aber hat sich auch in der Politik sozusagen ‚herumgesprochen', dass Migration zu Deutschland gehört, dass Deutschland, um es plakativ zu sagen, – auch – ein Einwanderungsland ist. Andere Sprachen und andere kulturelle Welten, zum Teil auch andere religiöse Traditionen werden so zu einem Teil der alltäglichen Lebenswelt.

Fremdheit erscheint immer wieder als Bedrohung – und dies um so mehr und gerade dann, wenn die Fundamente der eigenen Lebenswelt ökonomisch gefährdet sind. Viele Menschen haben sich schwer getan damit, ‚Fremde' zu akzeptieren. Die Aktualisierung von Ressentiments hatte und hat immer wieder leichtes Spiel. Die dunkelsten Kapitel unserer Geschichte haben mit der Unfähigkeit und der Unwilligkeit zu tun, dem Fremden seine eigenen Möglichkeiten einzuräumen, ihm die elementaren Menschenrechte zu gewähren und zu sichern.

Dem stehen vielfältige *positive Erfahrungen* mit dem Fremden gegenüber, Erfahrungen am Arbeitsplatz und im Wohnviertel, Erfahrungen, die Kinder unterschiedlicher Herkünfte miteinander machen, und das vielfältige Engagement von Erzieherinnen und Lehrern, von Bürgergruppen, von Kollegen und Kolleginnen; Erfahrungen auf den Märkten und in den Läden, Erfahrungen, die die Begegnung mit anderen Kulturen als eine Bereicherung für alle daran Beteiligten verstehen.

Den Anderen, gerade auch den Fremden, zu *verstehen* wird zu einem immer wichtigeren Teil für ein gutes gesellschaftliches Zusammenleben, wie es die Migrationssituation von den Staaten Europas fordert. Das bedeutet ein vielfältiges Umdenken gegenüber Grundüberzeugungen, wie sie für Nationalstaaten kennzeichnend sind. *Nationalstaaten* leben zum Teil von der Bestimmung von Zugehörigkeit, von Abgrenzung und Ausschluss. Nur wenn es gelingt, hier zu einem neuen, differenzierten und *offenen Selbstverständnis* der Bürger und Bürgerinnen und ihrer demokratischen Institutionen zu kommen, wird ein für alle gedeihliches Zusammenleben möglich werden und bleiben. Nur so kann der Weg weiter und zukunftsoffen beschritten werden, der durch das Umdenken nach dem Desaster zweier Weltkriege in Europa eingeschlagen wurde.

Zu den wichtigsten Bereichen des alltäglichen Lebens gehören die vielfältigen institutionellen Strukturen, die unser gesellschaftliches Leben ausmachen. In rechtssicheren, verlässlichen *Institutionen einer demokratischen Gesellschaft* wird ein Handlungsraum für alle Bürger und Bürgerinnen garantiert, der Freiheit und Wahrnehmung gemeinsamer Verantwortung zum Ziel hat und möglich macht. Leichtfertig wird nur allzu oft die mühsame und nicht immer leichte Arbeit in den Behörden und Ämtern als ‚bürokratisch' und ‚ineffizient' gescholten. So wird verkannt, was eine Gesellschaft, was alle Einzelnen an einer solchen rechtssicheren und verlässlichen Verwaltungsstruktur haben.

Migranten haben verstärkt mit Behörden zu tun. Sie haben oft keinen sicheren Status. In der Kommunikation auf den Ämtern und mit den Behörden erleben die *Migranten* prägend ihre neuen Lebensumstände. Von hier aus entwickeln sie ihre Bilder von dem Land, in dem sie und ihre Familien nun leben werden. Gerade auf den Ämtern und in den Behörden kommt es zu entscheidenden Begegnungen, die die zukünftigen Einstellungen dieser Menschen prägen. Fast immer haben sie sich vom neuen Land ihres weiteren Lebens viel versprochen. Sie haben Opfer auf sich genommen, haben ihre Familien und ihre Umgebungen mit viel Mut hinter sich gelassen. Oft kommen sie mit Zagen, ja mit Ängsten in ihre neue Umgebung.

Für einen *umsichtigen Kontakt* mit ihnen brauchen die Mitarbeiter und Mitarbeiterinnen in den Institutionen neue Kenntnisse. Ihr Fingerspitzengefühl im Umgang ist ein wichtiges Grundkapital für die Begegnungen mit den anderen Lebenswelten, den anderen Vorstellungen und Kommunikationserfahrungen, die die Migranten aus ihrer zurückgelassenen alten Heimat mitbringen.

Aber Fingerspitzengefühl und Takt reichen nicht aus. Die Kommunikation mit Menschen, die durch andere Grundüberzeugungen und Grunderfahrungen geprägt sind, verlangt Wissen, verlangt Kenntnisse über diese anderen Erfahrungen – und über die eigenen, die nicht mehr einfach und selbstverständlich das fortsetzen können, was lange selbstverständlich schien. In der Begegnung mit dem Fremden erfährt man auch viel über *das Eigene*, über sich selbst. Dies will verarbeitet und produktiv genutzt werden. Ein neues Sehen und ein anderes Kommunizieren können helfen, die neuen Situationen zu meistern.

Die vorliegende kleine Fibel will dazu beitragen. Sie ist aus der Praxis entstanden und in der Praxis erprobt. Ihre Verfasser verfügen selbst über Erfahrungen als Fremde. Sie verfügen zugleich über ein methodisches

Wissen darüber, was *Kommunikation* kennzeichnet und wie sie so gestaltet werden kann, dass fast von selbst entstehende Missverständnisse vermieden oder, wenn sie entstanden sind, bearbeitet werden können. Zu diesem Wissen gehören auch systematische Kenntnisse aus der Wissenschaft des *Verstehens* der Kulturen (der anderen und der eigenen), der so genannten ‚Hermeneutik'. Das schwierige Wort verdeckt vielleicht, dass es hier um etwas sehr Elementares geht. Die Verstehensfähigkeit ist eine in unserem Alltag immer wieder eingesetzte und unabdingbare Fähigkeit. Sie kann gelernt, geschult, erweitert werden.

Mit *praktischen Beispielen* und der Einführung in einige *hilfreiche Grundbegriffe* der Lehre von der ‚interkulturellen Kommunikation' will die Gesprächsfibel also einen Beitrag dazu leisten, die Kommunikation in den institutionellen Begegnungen von Menschen aus unterschiedlichen Kulturen besser gelingen zu lassen. Die Begegnungen mit Menschen aus anderen, aus fremden Kulturen sind eine Herausforderung, vor der unsere Gesellschaft steht, vor der aber auch alle Einzelnen stehen. Sie ist eine spannenden Erfahrung und eröffnet neue Möglichkeiten.

Lassen Sie sich durch die ‚Gesprächsfibel' dazu anregen, Ihre eigenen Erfahrungen neu zu durchdenken, darüber ins Gespräch mit Ihren Kolleginnen und Kollegen zu kommen – und vor allem dazu, Ihre Begegnungen mit den Menschen, für die Sie besondere Verantwortung tragen, zu einem guten, ermutigenden und erfolgreichen Miteinander werden zu lassen – für Sie selbst, für Ihre Gesprächspartner, für unser Land und seinen europäischen Zusammenhang.

Konrad Ehlich (München / Berlin)

Inhaltsverzeichnis

Eine ‚Gesprächsfibel' aus der Praxis für die Praxis – Zur Einführung 5

1. Einleitung 11
   - 1.1. Erfolgreich kommunizieren 11
   - 1.2. Was die Fibel enthält 11
   - 1.3. Kulturspezifisches Wissen – ein weites Feld 12
   - 1.4. Vom Wissen zum Handeln 12
   - 1.5. Hinweis zu den authentischen Beispielen 13

2. Zuwanderer in Deutschland 15
   - 2.1. Ein kurzer Blick in die deutsche Geschichte 15
   - 2.2. Zuwanderungsgruppen 17
     - 2.2.1. Arbeitsmigranten 17
     - 2.2.2. Aussiedler und Spätaussiedler 19
     - 2.2.3. Jüdische Immigranten 20
     - 2.2.4. Asylbewerber 21
     - 2.2.5. Weitere Gruppen ausländischer Zuwanderer 23
   - 2.3. Mehrsprachigkeit und Multikulturalität im Alltag 23

3. Kommunikation, und auch noch interkulturell – Was ist damit gemeint? 25
   - 3.1. Wie funktioniert Kommunikation? 25
     - 3.1.1. Kommunikation – vier Aspekte 25
     - 3.1.2. Beispiel: Beratungsgespräch 25
     - 3.1.3. Kommunikation – aufeinander bezogenes Handeln 26
     - 3.1.4. Es geht um mehr als nur um Inhalte 27
   - 3.2. Warum ‚interkulturell'? 27
     - 3.2.1. Kultur und Nation 27
     - 3.2.2. Kultur – eine Sammlung von Problemlösungen 28
     - 3.2.3. Beispiel: Am Fahrkartenschalter 29
     - 3.2.4. Kultur ist nicht angeboren 29

4. Kommunikation ist strukturiert 31
   - 4.1. Exkurs in die Geschichte der Sprachwissenschaft 31
   - 4.2. Feinstrukturen 31
   - 4.3. Größere Struktureinheiten 32
   - 4.4. Muster können sich von Kultur zu Kultur unterscheiden 33
   - 4.5. Weshalb kommt es auf die Strukturen an? 34

5. Behördenkommunikation 35
   - 5.1. Besonderheiten von Gesprächen zwischen Behördenvertretern und Klienten 35
     - 5.1.1. Ziele der Klienten 35
     - 5.1.2. Position des Behördenvertreters 36
     - 5.1.3. Eine ungleiche Situation 36
     - 5.1.4. Abstrahieren vom Einzelfall 36
     - 5.1.5. Was wird von den beiden Beteiligten erwartet? 37

      5.1.6. Schriftlichkeit im Behördenalltag 37
      5.1.7. Chancen der Position des Behördenvertreters 37
  5.2. Welche Strukturen haben die Gespräche in Behörden? 38
      5.2.1. Datenklärungsgespräche 38
      5.2.2. Beratungsgespräche 38
      5.2.3. Muster des Beratungsgesprächs 39
  5.3. Besonderheiten der interkulturellen Behördenkommunikation 40
      5.3.1. Interkulturelle Besonderheiten 40
      5.3.2. Institutionelle Besonderheiten 42
      5.3.3. ‚Kommunikative Teufelskreise' in der Behörden-
           kommunikation 44

6. Verstehen, Missverstehen und Nicht-Verstehen in Behördengesprächen: Strategien für den Berufsalltag 45

  6.1. Was sind Missverständnisse? 45
  6.2. Institutionell bedingte Missverständnisse 45
  6.3. Interkulturell bedingte Missverständnisse 46
  6.4. Probleme mit dem Paraverbalen 47
  6.5. Lautveränderungen durch dialektgefärbtes Sprechen 47
  6.6. Unbekannte Wortbedeutung 47
  6.7. Zu komplizierter Satzbau 49
  6.8. Kommunikativer Zweck 49
  6.9. Wie Missverständnisse und Nicht-Verstehen identifiziert und Verstehen gesichert werden kann 50
      6.9.1. Hörersignale 50
      6.9.2. Nicht-sprachliches Handeln 51
      6.9.3. Falsche oder unerwartete Reaktion des Klienten 52
      6.9.4. Nachfragen seitens des Klienten 53
      6.9.5. Fragen an den Klienten 54
  6.10. Wie Missverständnisse und Nicht-Verstehen vermieden bzw. behoben werden können 54
      6.10.1. Paraverbale Mittel 54
      6.10.2. Bewusster Umgang mit der Fachsprache 55
      6.10.3. Bewusster Umgang mit dem Satzbau 56
      6.10.4. Unterstützung des Klienten beim Sprechen und aktives Zuhören 57
      6.10.5. Darlegen von komplexen Sachverhalten und institutionellen Verfahren 58

7. Schlussbemerkung 63

Nachwort 65

Verwendete Literatur 67

1. Einleitung

1.1. Erfolgreich kommunizieren

Die interkulturelle Öffnung der Behörden verlangt von Behördenmitarbeitern oder Behördenleitern[1] zunehmend interkulturelle Kompetenz. Die vorliegende Gesprächsfibel hat zum Ziel, diese Kompetenz auszubauen. Dabei ist mit interkultureller Kompetenz die Fähigkeit gemeint, mit Menschen aus anderen Kulturen genauso erfolgreich zu kommunizieren wie mit denen der eigenen Kultur.

Darüber hinaus soll die Fibel zur Erweiterung der allgemeinen kommunikativen Kompetenzen dienen, sowohl in der Arbeit mit ausländischen als auch mit deutschen Klienten. Das Ausbauen dieser kommunikativen und interkulturellen Kompetenz trägt zu einem effektiven, stressfreien und kundenorientierten Arbeiten bei.

1.2. Was die Fibel enthält

Kapitel 2 der Gesprächsfibel bietet überblickartige Informationen zu unterschiedlichen in Deutschland lebenden Zuwanderergruppen, zu ihren Migrationshintergründen und zu ihren wichtigsten Problemen.

Der weitere Aufbau der Fibel orientiert sich an den folgenden Aspekten einer interkulturellen Kompetenz im Behördenkontext:

Allgemeines Wissen über Kultur und Kommunikation

Kapitel 3 bietet eine Auseinandersetzung mit den Begriffen ‚Kultur', ‚Kommunikation' und ‚interkulturelle Kommunikation' und zeigt, was diese Begriffe mit dem Berufsalltag zu tun haben.

Das Thema *Kommunikation* wird in Kapitel 4 ausgeweitet: Hier wird dargelegt, dass Kommunikation entgegen dem äußeren Anschein nicht nur spontan abläuft, dass sie vielmehr feste Strukturen hat.

Allgemeines Wissen über Behördenkommunikation

Die Kommunikation in Behörden hat ganz spezifische Züge, unabhängig davon, ob sie mit deutschen oder mit ausländischen Klienten abläuft. Sie bringt folglich auch ganz spezifische Probleme mit sich, die man nicht mit

---

[1] Wegen der leichteren Lesbarkeit wird in dieser Fibel die maskuline Form für Personen verwendet. Gemeint sind selbstverständlich auch ‚Behördenmitarbeiterinnen' und ‚Behördenleiterinnen' usw.

interkulturellen Problemen verwechseln sollte. Damit beschäftigt sich Kapitel 5: Es nimmt das Verhältnis zwischen Sachbearbeiter und Klient unter die Lupe, beschreibt Strukturen, die solchen institutionellen Gesprächen zugrunde liegen, und Probleme, die in dieser Situation entstehen können.

Gesprächsstrategien
Das anschließende Kapitel ist den Missverständnissen und dem (Nicht-)Verstehen in der Behördenkommunikation gewidmet. Man findet hier einerseits Erklärungen, warum Gesprächsstörungen, vor allem Missverständnisse, entstehen, und andererseits Vorschläge und authentische Beispiele dafür, wie man Missverständnisse und Nicht-Verstehen in der interkulturellen Kommunikation im Beruf identifizieren, lösen und umgehen kann. Dabei sind die Beispiele als Anregungen und nicht als endgültige Lösungen für jede Situation gedacht. Der Leser als Experte seines eigenen beruflichen Arbeitsalltags kann diese Strategien dem persönlichen Kommunikationsstil entsprechend in sein Repertoire aufnehmen. Möglicherweise erkennt er Gesprächsstrategien wieder, die er bereits bewusst anwendet.

1.3. Kulturspezifisches Wissen – ein weites Feld
Ein weiterer wichtiger Bestandteil der interkulturellen Kompetenz ist das kulturspezifische Wissen, in unserem Fall also Beschreibungen der Kulturen, die von den Zuwanderergruppen repräsentiert werden. Solche detaillierten Beschreibungen sind in diese Broschüre nicht integriert. Sie müssten sehr differenziert vorgenommen werden und würden den vorliegenden Rahmen sprengen.
Angesichts der Kulturenvielfalt unter den Zuwanderern in Deutschland ist es zudem kaum möglich, alle Kulturen der Behördenklienten zu kennen. Eventuelle Lücken im Wissen über die verschiedenen Kulturen können jedoch durch eine Sensibilität für mögliche Kulturunterschiede, wie sie im Kapitel 3 behandelt werden, ausgeglichen werden.

1.4. Vom Wissen zum Handeln
Es ist zu beachten, dass der Ausbau von kommunikativen und interkulturellen Kompetenzen viel Zeit und eigenes Engagement erfordert. Solche Veränderungen sind langsame und tiefgreifende Prozesse. Ähnlich wie im Sport müssen die Kompetenzen antrainiert und durch regelmäßiges Training ‚fit' gehalten werden. Diese Prozesse müssen von den Beteiligten akzeptiert und aktiv mitgestaltet werden. Es reicht nicht, sich nur neues

Wissen anzulesen – es ist vielmehr wichtig, das eigene Handeln zu beobachten und zu analysieren, um Toleranz und Einfühlungsvermögen zu entwickeln.

1.5. Hinweis zu den authentischen Beispielen

In Kapiteln 5 und 6 wurden zur Veranschaulichung Beispiele aus Behördengesprächen integriert, die im Rahmen einer Studie in einem Sozialamt und einer Ausländerbehörde im Bundesland Sachsen erhoben wurden. Die Beratungsgespräche wurden zu Analysezwecken verschriftlicht (transkribiert). Ortsbezeichnungen und Eigennamen wurden anonymisiert.

Bitte beachten Sie, dass die gesprochene Sprache stark von der geschriebenen abweicht. Beispielsweise orientiert sich die Rechtschreibung in den Beispieltexten (abweichend von der Standard-Orthographie) an Richtlinien, die die (teilweise vom Dialekt gefärbte) Aussprache der Beteiligten berücksichtigen. Auch auffallende Wiederholungen oder das scheinbare Stottern und ‚Stolpern' sind normale Erscheinungen der Mündlichkeit.

Die Beispieldialoge (Transkripte) enthalten Sonderzeichen, die auch sprachbegleitende (außersprachliche) Merkmale wie Pausen und Lautstärke markieren.

Die Sprecherangabe <K> steht immer für den Klienten, <M> für den Behörden-Mitarbeiter. Darüber hinaus werden nachstehende Konventionen in den Transkriptionen verwendet:

Merkmal	Erklärung	Bedeutung
((1 Sek.))	Zeitangabe in doppelter Klammer	Pause von 1 Sekunde
Text . Text	Punkt innerhalb eines Textabschnitts	kleine Pause, kürzer als 0,5 Sekunden
Text/ Text	Schrägstrich innerhalb eines Textabschnitts	Abbruch
Text=Text	Gleichheitszeichen zwischen Wörtern	einzelne Wörter werden beim Sprechen miteinander verbunden
( )	leere Klammer	unverständliches Sprechen
(Text)	Text in runder Klammer	nicht ganz verständliches Sprechen
TEXT	großgeschriebenes Wort	lautes Sprechen

Einleitung

[Text]	kursive Angaben in eckigen Klammern	Kommentare, nicht-sprachliche Handlungen, Gesten usw.
Text	kursiver Text	Übersetzung der oberhalb stehenden Zeile ins Deutsche
Text?	Fragezeichen	steigende (,fragende') Intonation
Text,	Komma	schwach steigende Intonation
Text.	Punkt	fallende Intonation

2. Zuwanderer in Deutschland

Die Entscheidung eines Menschen, das Vertraute des Heimatlandes zu verlassen und in ein fremdes Land aufzubrechen, verändert für diese Person das ganze Leben. Migration lässt Menschen völlig neue Erfahrungen machen, konfrontiert sie mit fremden Lebensweisen und befremdenden Werten, fordert die Lern- und Anpassungsfähigkeit heraus und kann Einsamkeit, Kummer oder gar Krankheiten verursachen. Geschieht sie unfreiwillig, als Ergebnis von Verfolgung oder Vertreibung, ist die Bewältigung von Migration umso schwieriger.

Migration hat aber nicht nur Einfluss auf das Leben des Einzelnen. Als gesellschaftliches Phänomen kann Migration in Form von Zuwanderung im Aufnahmeland weitreichende politische, wirtschaftliche und soziale Veränderungen bewirken. In der Geschichte finden sich vielfältige Beispiele für kulturelle Bereicherung, aber auch für Konflikte zwischen Einheimischen und Zugewanderten.

2.1. Ein kurzer Blick in die deutsche Geschichte

Bevor wir unsere Aufmerksamkeit verschiedenen heutigen Gruppen von Zuwanderern in Deutschland widmen, bietet sich ein kurzer Blick in die deutsche Geschichte an. Denn auch wenn Deutschland seit vierzig Jahren stark zunehmende Migrationsbewegungen, vor allem Zuwanderung, erlebt hat, ist Migration kein neues Phänomen, keine Erscheinung erst der heutigen Zeit. Auch früher fanden viele Migrationsbewegungen statt, zum Beispiel im 19. Jahrhundert ins Ruhrgebiet oder in die wachsende Industriestadt Berlin.

Deutschland befand sich aber nicht immer in der Rolle eines Ziellandes für ausländische Arbeitskräfte und Flüchtlinge. Im 19. Jahrhundert waren es vermehrt die Deutschen selbst, die ihr Land verließen und als Wirtschaftsflüchtlinge auf der Suche nach einem besseren Leben meist in die Länder des nord- und des südamerikanischen Kontinents einwanderten.

Während des Zweiten Weltkriegs verstärkten sich die Migrationsbewegungen in Deutschland. Einerseits flohen Hunderttausende vor der Verfolgung durch das nationalsozialistische Regime aus Deutschland. Ihre Ziele lagen zunächst in benachbarten europäischen Ländern und später weiter in Übersee. Andererseits wurden Millionen Menschen vor allem aus den besetzten osteuropäischen Gebieten nach Deutschland deportiert und als Zwangsarbeiter in der nationalsozialistischen Kriegswirtschaft eingesetzt.

Am Kriegsende und in der Nachkriegszeit wanderten fast 12 Millionen Vertriebene und Flüchtlinge aus den Gebieten östlich der Oder-Neiße-Grenze sowie aus Südost- und Osteuropa zu. Nach 1949 siedelten mindestens 2,7 Millionen Menschen aus der DDR in die BRD über, jedoch wurde diese Wanderungsbewegung durch den Mauerbau 1961 weitgehend beendet. Bei diesen beiden großen Migrantengruppen der Nachkriegszeit handelte es sich zwar um Deutsche, die bei ihrer Umsiedlung nicht in ein Umfeld mit anderer Sprache und einer gänzlich anderen Kultur kamen. Dennoch war ihre Einwanderung von Erfahrungen der Entwurzelung, Fremdheit und teilweise auch von Konflikten mit Einheimischen begleitet, die für Migration charakteristisch sind.

Vergleicht man den Anteil von Ausländern an der Bevölkerung Deutschlands von 1950 bis 2004, ist dieser von ca. einer halben Million auf ca. 7 Millionen gestiegen. Von 1955 bis in die 1980er Jahre wuchs die Zahl der in der BRD lebenden Ausländer hauptsächlich durch die Zuwanderung ausländischer Arbeitskräfte und ihrer Familienangehörigen. Auch in der DDR wurden in den 1980er Jahren verstärkt ausländische Arbeitskräfte ins Land geholt und in der Industrie eingesetzt.

Ende der 1980er und Anfang der 1990er Jahre stieg die Zahl von Flüchtlingen und Menschen, die Asyl suchten, stark an. Nach der Öffnung der osteuropäischen Grenzen wanderten verstärkt Ausländer aus dieser Region zu, unter ihnen sowjetische Juden. Ende der 1980er und Anfang der 1990er Jahre verstärkte sich auch die Zuwanderung von Aussiedlern, die allerdings in den Statistiken nicht als Ausländerzuwanderung erfasst wird. Nach der Wiedervereinigung setzte zudem eine starke Binnenmigration aus dem Gebiet der früheren DDR in das Gebiet der alten BRD ein.

Seit zehn Jahren haben sich die Zuzüge nach Deutschland mit einer leicht sinkenden Tendenz stabilisiert. 2004 betrugen sie ca. 780 000 Personen, davon ca. 602 000 Ausländer. Diese Zahl liegt nur wenig höher als die Abwanderung aus Deutschland: 2004 wanderten fast 698 000 Menschen ab, davon 547 000 Ausländer. Die Differenz ergibt einen Wanderungsüberschuss von ca. 82 000 Personen.

Heute leben über 82 Millionen Menschen in Deutschland, ca. 8,8 Prozent von ihnen sind Ausländer.[2] Dabei ist der Anteil an Ausländern in den alten und den neuen Bundesländern sehr unterschiedlich: In Ostdeutschland liegt er bei durchschnittlich 2,3 Prozent der Gesamtbevölkerung, in den alten Bundesländern hingegen bei durchschnittlich 10 Prozent.

---

[2] Laut Migrationsbericht 2006 des Bundesministeriums des Inneren.

2.2. Zuwanderungsgruppen

Im Folgenden sollen zunächst vier in Deutschland lebende Zuwanderergruppen aus der geschichtlichen Perspektive und hinsichtlich ihrer aktuellen Lebenslage näher beschrieben werden.

2.2.1. *Arbeitsmigranten*

Die seit Mitte der 1950er Jahre boomende Wirtschaft der Bundesrepublik Deutschland verlangte nach immer mehr Arbeitskräften. Um diesen Bedarf zu decken, schloss die bundesdeutsche Regierung 1955 mit Italien einen Vertrag über die befristete Anwerbung von Arbeitskräften ab. Der bereits erwähnte Mauerbau ließ 1961 den Flüchtlingsstrom aus der DDR versiegen, wodurch der Mangel an Arbeitskräften verstärkt wurde. So folgten dem ersten Schritt der Anwerbung von ausländischen Arbeitern bis zum Ende der 1960er Jahre ähnliche Abkommen mit Griechenland, Spanien, der Türkei, Marokko, Portugal, Tunesien und Jugoslawien. Die Anwerbung wurde von der Bundesanstalt für Arbeit und von deutschen Unternehmen als Werbekampagne organisiert und erreichte 1973 ihren Höhepunkt: 2,6 Millionen Arbeitswillige reisten in diesem Jahr in die BRD ein.

Zu Beginn dieser Zuwanderung kamen überwiegend 20–40jährige männliche ausländische Arbeiter in die Bundesrepublik. Ihr Aufenthalt wurde anfangs als ein vorübergehender gesehen. Dieser Umstand wird mit der inoffiziellen Bezeichnung ‚Gastarbeiter' aufgegriffen, die sich in der (bundes-)deutschen Öffentlichkeit etabliert hat.

Die ‚Gastarbeiter' akzeptierten auch besonders unbeliebte Arbeitsplätze mit harten Arbeitsbedingungen, machten mehr Überstunden als ihre deutschen Kollegen und nahmen schlechte Wohnverhältnisse in Kauf. Ihre Familien blieben zunächst in den Herkunftsländern. Der Aufenthalt in Deutschland wurde somit auch von ‚Gastarbeitern' selbst als ein vorübergehender Lebensabschnitt gesehen: Ihr Ziel war meist, mit möglichst viel Angespartem irgendwann wieder in die Heimat zurückzukehren.

Durch die Ölkrise kam es in der deutschen Wirtschaft Anfang der 1970er Jahre jedoch zu einem Konjunktureinbruch. Die Nachfrage nach neuen Arbeitskräften ging zurück, die Arbeitslosenzahlen stiegen an. Außerdem erschien deutschen Unternehmen eine ständige Rotation der Arbeitskräfte auf Dauer als ungünstig. Vor allem Anfang der 1970er Jahre begannen sie, Interesse an einer längeren Aufenthaltsdauer ihrer ausländischen Mitarbeiter zu zeigen.

Angesichts dieser Entwicklungen wurde 1973 in der BRD ein Anwerbestopp für neue Arbeitskräfte verhängt. Gleichzeitig begann man mit der Förderung der Rückkehrbereitschaft von ‚Gastarbeitern' durch finanzielle

Hilfen für Rückkehrwillige. Doch brachten diese Maßnahmen nicht den erwarteten Erfolg. Vielen ausländischen Arbeitern erschien die Zukunft im Herkunftsland als wirtschaftlich zu unsicher. Außerdem griff seit dem Anwerbestopp die Regelung, derzufolge einmal ausgereiste ‚Gastarbeiter' nicht erneut in die Bundesrepublik einreisen konnten. Daher entschlossen sich viele, ein solches Risiko nicht einzugehen: Sie blieben weiterhin in Deutschland und ließen ihre Familienangehörigen nachziehen.

Als Ergebnis der Anwerbung ausländischer Arbeitskräfte kamen insgesamt 14 Millionen Menschen in die Bundesrepublik Deutschland. 11 Millionen von ihnen wanderten wieder aus. Von den drei Millionen verbleibenden Migranten bilden Türken die größte Gruppe. 2002 lebten fast zwei Millionen türkischer Staatsbürger in Deutschland. Ein Drittel von ihnen war in Deutschland geboren, über die Hälfte lebte seit mehr als 15 Jahren in Deutschland. Viele erscheinen in den Statistiken nicht mehr als Türken, weil sie bereits die deutsche Staatsangehörigkeit erhalten haben.

Während die ehemaligen ‚Gastarbeiter' und ihre Familien aus Spanien, Griechenland und Italien von der einheimischen Bevölkerung meist positiver gesehen und akzeptiert werden, bilden die Türken, Mitglieder der größten ethnischen Minderheit in Deutschland, häufig noch den Inbegriff des Fremden in der öffentlichen Wahrnehmung. Problematisch ist dies besonders für die zweite bzw. dritte, bereits in Deutschland geborene Generation, denn die meisten von ihnen fühlen sich Deutschland und der Türkei gleichermaßen verbunden. Erschwert wird ihre Situation durch eine im Vergleich zu anderen Bevölkerungsgruppen niedrigere Schulausbildung und höhere Arbeitslosigkeit bzw. durch Arbeit im Niedriglohnsektor.

Was die DDR betrifft, so entstand auch dort eine neue Bevölkerungsgruppe, die auf die Anwerbung von Arbeitskräften im Ausland zurückgeht. Ende der 1970er Jahre musste die Regierung der DDR auf den dringenden Bedarf von Arbeitskräften reagieren. Als Folge wurden auf der Grundlage von Staatsverträgen Arbeiter aus Vietnam, Kuba, Mosambik und Angola in die DDR aufgenommen. 1989 lebten 90 600 ausländische Arbeitskräfte aus diesen Ländern in der DDR. Ähnlich wie die ‚Gastarbeiter' im Westen wurden auch sie von der Regierung des Gastlandes als vorübergehend angeheuerte Arbeitskraft betrachtet. Die Vertragsarbeiter der DDR mussten sich jedoch strengen Regelungen ihres Privatlebens und staatlicher Überwachung fügen. So durften sie nur einen bestimmten Teil ihres Verdienstes in Form von Waren in die Heimat ausführen, und sie lebten isoliert von der einheimischen Bevölkerung in überwachten Wohnheimen. Intime Beziehungen zu Deutschen oder anderen Ausländern waren verboten, Eheschließungen zwischen Deutschen und Vertragsarbeitern wurden vom Staat nur in seltenen Fällen genehmigt.

Nach der Wende und im Zuge der Entlassungen in den Betrieben der ehemaligen DDR wurden die Vertragsarbeiter arbeitslos. Außerdem gab es in ihrem Fall keine durchgängige Regelung des Bleiberechts. Daher sahen sich viele zur Rückkehr in die Heimat gezwungen. Vietnam und auch Kuba erschwerten allerdings die Rückkehr ihrer Staatsbürger aus der ehemaligen DDR, und so stellen vor allem die ehemaligen vietnamesischen Vertragsarbeiter heute in den neuen Bundesländern eine größere Einwanderergruppe dar (2002 schätzungsweise mindestens 14 000 Menschen).

Die schwierigen Bedingungen, auf die diese Einwanderergruppe in Deutschland stieß, führten dazu, dass die erste Generation der vietnamesischen Vertragsarbeiter häufig über sehr geringe Deutschkenntnisse verfügt, verbunden mit fehlenden Kontakten zu Deutschen und mit einem Rückzug in die Eigengruppe. Die zweite Generation hingegen verfügt häufig über sehr gute Deutschkenntnisse.

2.2.2. *Aussiedler und Spätaussiedler*

Aussiedler und Spätaussiedler[3] sind von ihrem rechtlicher Status her keine Ausländer. Aufgrund ihrer „deutschen Volkszugehörigkeit"[4] erhalten sie sowie meist auch ihre Angehörigen bald nach der Einreise die volle deutsche Staatsangehörigkeit. Im Vergleich zu anderen Zuwanderern genießen sie daher eine privilegierte Stellung.

Die meisten Aussiedler und Spätaussiedler sind aus den Nachfolgestaaten der ehemaligen Sowjetunion, aus Polen und Rumänien nach Deutschland eingewandert. Von den 1950er Jahren bis Ende der 1980er Jahre kamen Aussiedler hauptsächlich aus Polen, während die Einwanderung aus Rumänien hauptsächlich 1990 erfolgte. Die größte Gruppe von Spätaussiedlern, deren Einwanderung bis heute andauert, kommt aus der ehemaligen Sowjetunion, vor allem aus der Russischen Föderation und aus Kasachstan. Seinen Höhepunkt erreichte der Zuzug von Aussiedlern 1990: Es kamen fast 400 000 Menschen. Zwischen 1990 und 2004 wurden insgesamt fast 2,5 Millionen Menschen als Aussiedler und Spätaussiedler bzw. deren Familienmitglieder in die BRD aufgenommen. Die Zahl der neu nach Deutschland kommenden Spätaussiedler sinkt seit Mitte der 1990er Jahre stetig, da unter anderem Grenzquoten und strengere Kriterien für ihre Auf-

---

[3] Das *Bundesvertriebenengesetz* unterscheidet zwischen Aussiedlern (denjenigen, die vor dem 1.1.1993 nach Deutschland gekommen sind) und Spätaussiedlern (denjenigen, die nach diesem Datum eingereist sind).
[4] Im Sinne von § 6 des *Bundesvertriebenengesetzes* ist deutscher Volkszugehöriger, wer sich in seiner Heimat zum deutschen Volkstum bekannt hat, sofern dieses Bekenntnis durch bestimmte Merkmale wie Abstammung, Sprache, Erziehung und Kultur bestätigt wird.

nahme in die BRD eingeführt wurden. So müssen ausreisewillige Aussiedler bereits im Herkunftsland durch einen Sprachtest nachweisen, dass sie (und neuerdings auch ihre Familienangehörigen unter 14 Jahren) zumindest einfaches Deutsch sprechen können. Darüber hinaus verbleiben in der GUS nur noch wenige deutsche ‚Volkszugehörige', die eine Umsiedlung nach Deutschland in Betracht ziehen. 2005 sank die Zahl der eingewanderten Spätaussiedler auf 36 000.

Der Zuzug von Spätaussiedlern in die Bundesländer und ihre Verteilung innerhalb der Länder erfolgt nach einem bestimmten Schlüssel. In den ersten drei Jahren nach der Einreise können die Länder die Zuwanderer verpflichten, an dem ihnen zugewiesenen Wohnort zu bleiben, wenn sie keinen Arbeitsplatz haben und Sozialleistungen beziehen. Deshalb sind die Spätaussiedler gleichmäßig auf das gesamte Bundesgebiet verteilt.

Der Hauptgrund für die Auswanderung der Spätaussiedler war und ist die schwierige Lebenssituation in der Heimat. Einerseits wurden die Deutschstämmigen dort benachteiligt und zum Teil als ‚Faschisten' verschrien. Andererseits führen wirtschaftliche Probleme und fehlende Aussichten zum Entschluss, nach Deutschland zu emigrieren. Allerdings sehen sich diese Migranten in Deutschland oft mit ähnlichen Problemen konfrontiert: Sie werden nun von der einheimischen Bevölkerung oft als ‚Russen' wahrgenommen und abgelehnt. Da ihre beruflichen Abschlüsse in Deutschland nicht anerkannt werden, bleiben viele von ihnen arbeitslos und somit von Sozialleistungen abhängig. Eine weitere Schwierigkeit liegt in den oft geringen deutschen Sprachkenntnissen. So bedeutet die Einwanderung nach Deutschland für viele einen sozialen Abstieg.

Besonders problematisch kann die Eingewöhnung für Jugendliche sein. Denn teilweise identifizierten sie sich in geringerem Maße als ihre Eltern mit der deutschen Abstammung. Häufig hatten sie auch kein Interesse auszuwandern. Durch den unfreiwilligen Wegzug verloren sie Freunde. In Deutschland mussten sie sich an gänzlich neue soziale Werte anpassen. Oft ist es für sie schwer, befriedigende Freundschaften mit Einheimischen zu schließen und Anerkennung zu finden.

2.2.3. *Jüdische Immigranten*

In der Umsetzung eines Beschlusses des DDR-Parlaments aus dem Jahre 1990 hat sich die BRD mit der Aufnahme jüdischer Immigranten aus den Ländern der ehemaligen Sowjetunion dem Ziel verschrieben, die deutschen jüdischen Gemeinden zu erhalten und zu stärken. Die Aufnahme jüdischer Zuwanderer erfolgte bis 2005 auf Grundlage des so genannten *Kontingent-*

flüchtlingsgesetzes.[5] Zuwanderungsberechtigt sind diese Migranten aufgrund der in ihren sowjetischen Pässen vermerkten ‚jüdischen Nationalität' oder aufgrund ihrer Abstammung von mindestens einem jüdischen Elternteil. Seit 2005 wird ihre Aufnahme durch das neue Zuwanderungsgesetz mit neuen, einschränkenden Bedingungen, wie dem Nachweis von Deutschkenntnissen und der absehbaren eigenständigen Sicherung des Lebensunterhalts, reguliert.

Zwischen 1993 und 2004 sind im Rahmen der Zuwanderung jüdischer Migranten ca. 191 000 Menschen aus den Nachfolgestaaten der ehemaligen Sowjetunion nach Deutschland gekommen, die meisten aus der Ukraine und der Russischen Föderation. Dadurch ist die deutsche jüdische Gemeinde mittlerweile die drittgrößte in Europa geworden.

Jüdische Zuwanderer haben rechtlich einen uneingeschränkten Zugang zum Arbeitsmarkt und einen Anspruch auf Sozialleistungen gemäß SGB II oder XII. Einen Anspruch auf beitragspflichtige Leistungen wie Rente und Arbeitslosengeld I haben sie jedoch nur, wenn sie in Deutschland gearbeitet haben.

Ähnlich wie bei Spätaussiedlern werden berufliche Abschlüsse jüdischer Zuwanderer häufig nicht anerkannt. Deshalb bleiben ihre Berufschancen in Deutschland gering, trotz ihres meist überdurchschnittlich hohen Bildungsniveaus und ihrer oft erfolgreichen Berufslaufbahn. Umso schmerzhafter ist für sie der mit der Arbeitslosigkeit verbundene soziale Abstieg nach der Immigration in Deutschland.

2.2.4. Asylbewerber

Das deutsche Grundgesetz gewährte bis 1993 allen politisch Verfolgten das Recht auf Asyl. Mit der Änderung des Grundgesetzes 1993 wurde dieses Recht jedoch stark eingeschränkt. Durch die so genannte ‚Drittstaatenregelung' sind alle Asylsuchenden, die Deutschland über einen ‚sicheren Drittstaat' erreicht haben, vom Recht auf Asyl ausgenommen. Als sichere Drittstaaten gelten alle EU-Länder, Norwegen und die Schweiz. Somit können politisch verfolgte Ausländer, die Deutschland nachweislich auf dem Landweg erreichen, hier keine Zuflucht mehr erhalten. Darüber hinaus wurden verfolgungsfreie Herkunftsstaaten definiert, deren Angehörige ebenfalls kein Recht auf Asyl in Deutschland haben.

Diese und noch weitere Gesetzesänderungen haben in Deutschland seit 1994 zu einem starken Rückgang der Anfang der 1990er Jahre deutlich angestiegenen Asylbewerberzahlen geführt – und das, obwohl weltweit die

---

[5] *Gesetz über Maßnahmen für im Rahmen humanitärer Hilfsaktionen aufgenommene Flüchtlinge*

Zahl der Menschen steigt, die vor Menschenrechtsverletzungen, Krieg und Folter auf der Flucht sind.
1992 stellten 438 000 Menschen einen Asylantrag in der BRD. Dies war in der deutschen Geschichte und im europäischen Vergleich die höchste Zahl von Asylbewerbern. Dagegen beantragten 2005 nur noch 28 900 Personen in Deutschland Asyl.
Die Asylanträge werden vom *Bundesamt für Migration und Flüchtlinge*[6] entgegengenommen und überprüft. Zwischen 1990 und 2005 hat das Amt über ca. 2,8 Millionen Anträge bearbeitet. Allerdings nimmt der prozentuale Anteil der positiv entschiedenen Asylverfahren kontinuierlich ab: Bis 1997 wurden weniger als 10 Prozent der Anträge positiv entschieden, und 2005 war diese Quote auf 0,9 Prozent gesunken. Auch hier liegen die Gründe nicht so sehr im Fehlen von Gefahren für Leib und Leben der Flüchtlinge, als vielmehr in strenger gewordenen Kriterien, nach denen Asyl gewährt wird, sowie in der immer schnelleren ‚Abwicklung' von Asylverfahren.
Die Hauptherkunftsländer der Asylbewerber in Deutschland waren 2006 der Irak, das damalige Serbien und Montenegro, die Türkei, die Russische Föderation und Vietnam.
Nach ihrer Aufnahme werden die Asylbewerber auf der Grundlage eines Schlüssels über die Bundesländer verteilt. Den zugewiesenen Wohnort dürfen sie nur mit einer vorher beantragten Erlaubnis und nur für einen begrenzten Zeitraum verlassen. Asylbewerber leben in der Regel in Gemeinschaftsunterkünften und erhalten in den ersten drei Jahren ihres Deutschlandaufenthalts gemäß dem *Asylbewerberleistungsgesetz* Sozialgeld in verkürztem Umfang, weitgehend in Form von Sachleistungen. Der Umfang der Leistungen wird nach drei Jahren an die üblichen Sozialleistungen angeglichen. Für Asylbewerber sind weder der Bezug von Kindergeld noch Integrationsmaßnahmen wie soziale Betreuung oder Sprachkurse vorgesehen. Eine Arbeitsgenehmigung steht ihnen im Allgemeinen nicht zu, kann aber nach einem einjährigen legalen Aufenthalt in Deutschland und unter bestimmten Umständen[7] erteilt werden.
Wird ein Asylbewerber abgelehnt, muss er Deutschland verlassen, es sei denn, die Abschiebung wird zunächst ausgesetzt. Dies ist beispielsweise der Fall, wenn den Flüchtlingen im Herkunftsland Folter droht, wenn sie krank sind oder keinen Pass besitzen. Dann bekommen sie von den Ausländerbehörden eine zeitlich befristete Duldung. Für ‚geduldete' Ausländer

---

[6] Vor dem Inkrafttreten des neuen Zuwanderungsgesetzes am 1.1.2005 trug das Amt die Bezeichnung *Bundesamt für die Anerkennung ausländischer Flüchtlinge*.
[7] Arbeitsgenehmigungen werden nur dann erteilt, wenn kein anderer, bevorrechtigter Arbeitnehmer für den relevanten Arbeitsplatz gefunden wird.

gelten allerdings verschärfte Bedingungen bei der Erteilung einer Arbeitserlaubnis und teilweise ein noch stärker gekürzter Leistungssatz.

2.2.5. Weitere Gruppen ausländischer Zuwanderer
Einige weitere Gruppen von ausländischen Zuwanderern sind oben unerwähnt geblieben: Zunächst sind dies ausländische Studierende, die in der Regel jedoch nur für eine begrenzte Zeit in Deutschland bleiben. Ebenfalls auf einen begrenzten Aufenthalt in Deutschland eingerichtet ist die Gruppe der Werkvertragsarbeitnehmer und Saisonarbeiter. Sie kamen 2004 hauptsächlich aus den neuen Mitgliedsstaaten der Europäischen Union sowie aus Rumänien und Bulgarien.

Die EU-Binnenwanderung machte 2004 fast die Hälfte der Gesamtzuwanderung nach Deutschland aus (über 260 000 Zuzüge); die Mehrheit dieser Zuwanderer kommt wiederum aus den neuen Mitgliedsstaaten der EU.

Schließlich sind noch die so genannten illegalen Zuwanderer zu nennen, mit denen Mitarbeiter staatlicher Verwaltungen in der Regel nicht in Kontakt kommen. Dies sind beispielsweise: untergetauchte ausreisepflichtige Asylbewerber, die eine Illegalität in Deutschland der oft gefährlichen Rückkehr in die Heimat vorziehen; Ausländer, deren Aufenthaltstitel abgelaufen ist, die aber dennoch bleiben; Ausländer, die mit Hilfe von Schleusern nach Deutschland kommen. Das Leben in der Illegalität bedeutet eine starke soziale Benachteiligung. ‚Illegale' Migranten haben meist keinen Zugang zu medizinischer Versorgung, und sie sind Risiken infolge der Schwarzarbeit ausgesetzt, wie beispielsweise Ausbeutung oder Betrug durch den Arbeitgeber. Konkrete Zahlen zur diesen Formen der unerlaubten Zuwanderung liegen nicht vor.

2.3. Mehrsprachigkeit und Multikulturalität im Alltag

Das neue Zuwanderungsgesetz[8] hat einen wesentlichen Schritt auf dem Weg zur Integration von Zuwanderern getan: Es sieht Integrationskurse in der Form von Sprachkursen für Ausländer und Aussiedler vor. Das *Bundesamt für Migration und Flüchtlinge* koordiniert und finanziert diese Kurse, von denen allerdings Asylbewerber ausgeschlossen sind.

Neben dem Erwerb des Deutschen ist es wichtig, dass Migranten die Möglichkeit haben, ihre Muttersprache weiter zu pflegen und ihre kommunikativen Kompetenzen in zwei Sprachen zu entwickeln. Individuelle Zwei- oder Mehrsprachigkeit fördert die Integration der Migranten und

---

[8] *Gesetz über den Aufenthalt, die Erwerbstätigkeit und die Integration von Ausländern im Bundesgebiet*

stellt eine wichtige Ressource für die deutsche Gesellschaft dar. Individuelle Mehrsprachigkeit als gesellschaftliches Potential wird auch im Rahmen der aktuellen Sprachenpolitik der Europäischen Union zunehmend gefördert. So betont auch die Hochrangige Gruppe „Mehrsprachigkeit" in ihren Empfehlungen für die Ausarbeitung einer neuen Strategie für Mehrsprachigkeit im Jahr 2008 an die Europäische Kommission, dass die Unterstützung der Migranten bei der Pflege der Sprache ihrer Gemeinschaft eine lohnende Investition darstellt, „da diese Menschen dabei helfen könnten, Wirtschaftskontakte in ihren Herkunftsländern herzustellen, und sie dazu veranlasst werden könnten, in Programmen des interkulturellen Dialogs und der Integration für neu eingetroffene Zuwanderer eine aktive Rolle zu spielen."[9]

---

[9] Abschlussbericht der Hochrangigen Gruppe „Mehrsprachigkeit", eingesetzt durch Beschluss der Europäischen Kommission vom 20.09.2006. Online unter http://ec.europa.eu/education/policies/lang/doc/multishort_de.pdf, letzter Zugriff: 01.06.08

3. Kommunikation, und auch noch interkulturell
   – Was ist damit gemeint?

Der Begriff *interkulturelle Kommunikation* begegnet uns seit einigen Jahren immer öfter im Zusammenhang mit Themen wie der Globalisierung und Internationalisierung der Gesellschaft. Wie viele Begriffe, die in einer bestimmten Zeit hoch im Kurs stehen, ist er recht verschwommen und auf verschiedene Weise interpretierbar.
Deshalb ist es wichtig, die Bedeutung des Ausdruckes *interkulturelle Kommunikation* zu klären. Wir beginnen mit dem Begriff *Kommunikation*.

3.1. Wie funktioniert Kommunikation?
Der Berufsalltag in Ämtern und Behörden besteht zu einem großen Teil aus *Kommunikation*.

3.1.1. Kommunikation – vier Aspekte
Für unsere Zwecke – also für die Entwicklung effektiver Kommunikationsstrategien – ist es sinnvoll, vier Aspekte festzuhalten.

1.) Kommunikation ist Handeln.
2.) Dieses Handeln wird von zwei oder mehreren Menschen gemeinsam vollzogen.
3.) Mittel der Kommunikation ist Sprache, aber auch Mimik und Gestik.
4.) Kommunikation ist zweckgebunden.

Diese zunächst abstrakten Beschreibungen lassen sich gut an einem anschaulichen Beispiel erklären – an dem in vielen Behörden alltäglichen Vorgang des Beratens.

3.1.2. Beispiel: Beratungsgespräch
In einer Beratungssituation treffen ein Klient und ein Behördenvertreter aufeinander. Sie sprechen nicht ziellos über irgendetwas: ihr Zusammentreffen verfolgt den Zweck, beraten zu werden und zu beraten. Der Klient sucht nach einem Rat, der Behördenmitarbeiter gibt Ratschläge und informiert. Beide sprechen also die ganze Zeit miteinander, und gleichzeitig

handeln sie auch, denn ‚Informationen geben' ist beispielsweise eindeutig eine Handlung. Eine Beratung wäre keine Beratung, wenn einer der beiden wortlos dasitzen würde. Angenommen, der Berater redet und redet und bekommt keine Rückmeldung vom Ratsuchenden, auch keinen Blick oder kein Kopfnicken, so wäre die Beratung bald mit einem Konflikt beendet.
Sobald sich zwei Menschen gegenseitig wahrnehmen, kommunizieren sie, ob sie es wollen oder nicht und selbst, wenn sie kein Wort miteinander austauschen. Denn auch wenn sie schweigen würden, könnte ihr Schweigen für den jeweils anderen eine Bedeutung haben. Es könnte zum Beispiel als Feindseligkeit oder als Schüchternheit verstanden werden. Auch die Körperhaltung und der Blickkontakt senden, gewollt oder ungewollt, Signale aus. Den Rücken zudrehen, wegschauen, den Anderen scheinbar nicht bemerken – das muss nicht alles als bedeutungsvoll *gemeint* sein, kann aber so interpretiert werden.

3.1.3. Kommunikation – aufeinander bezogenes Handeln

Beim Kommunizieren handeln Menschen also aufeinander bezogen. Dabei entsteht zwischen ihnen eine Wechselbeziehung, die sich ununterbrochen ändert, die sich durch die Redebeiträge und durch das Körperverhalten der Beteiligten immer wieder neu gestaltet. Diese bewegliche Wechselbeziehung wird als *Interaktion* bezeichnet.
Alle Teilnehmer, sowohl die sprechenden als auch die schweigenden, gestalten die Kommunikation mit. Der Verlauf eines Gesprächs hängt demnach von allen Beteiligten ab und kann nicht ausschließlich durch das Handeln nur einer Person bestimmt werden. Auch wenn jemand nach einem Gespräch meint, sein Gesprächspartner habe die ganze Zeit geredet, ihn selbst nicht zu Wort kommen lassen und so das Gespräch dominiert, haben sie doch beide den Kommunikationsprozess mitgestaltet – der Eine durch ununterbrochenes Reden, der Andere durch sein Schweigen, seine Sitzhaltung, sein Nicken oder sein Lachen.
Das Handeln eines Interaktionspartners bleibt zwar immer ein Stück weit unberechenbar, aber durch Nachfragen und Erklärungen sowie durch die Einsicht in die Strukturiertheit von Behördengesprächen (siehe Kap. 4 und 5.2) ist es für Behördenmitarbeiter möglich, die Reaktionen eines Klienten gedanklich vorwegzunehmen.

3.1.4. Es geht um mehr als nur um Inhalte
Wichtig für die weiteren Kapitel der Fibel ist auch, dass kommunizierende Personen einander nicht nur bloße Inhalte vermitteln und Handlungen vollziehen. Zusätzlich werden durch die Kommunikation Beziehungen gestaltet, festgesetzt und reguliert. Außerdem gestalten Menschen gemeinsam in der Kommunikation sozusagen ‚die Welt in ihren Köpfen', indem sie z.b. direkt oder indirekt über Werte und Normen reden. Und letztlich drückt jeder von uns im Kommunizieren seine Persönlichkeit aus, beispielsweise: Wer bin ich in meinen Augen? Welcher sozialen Gruppe fühle ich mich zugehörig (z.b. der Gruppe von Migranten, Hausfrauen oder Modellbauern)?

3.2. Warum ‚interkulturell'?
Das Wort *interkulturell* erinnert zunächst an das geläufige Wort *international*. In vielen Bereichen, in denen noch vor fünf Jahren der Ausdruck *international* eingesetzt wurde, wird heute *interkulturell* bevorzugt. Ein Beispiel sind Stellenanzeigen: Wo früher ‚internationale Erfahrung' verlangt wurde, spricht man heute von ‚interkultureller Kompetenz'. Woher die Beliebtheit dieses Begriffes? Was bietet *interkulturell*, was *international* nicht kann? Um die Frage zu beantworten, müssen wir uns zunächst mit dem Inhalt des Begriffs ‚Kultur' befassen.

3.2.1. Kultur und Nation
In unseren Köpfen sind die Begriffe *Kultur* und *Nation* eng miteinander verbunden. Die Grenzen einer Kultur stimmen aber nicht unbedingt mit den Grenzen eines Nationalstaates überein. Kulturen können Nationalgrenzen überschreiten, und umgekehrt können innerhalb eines Nationalstaates mehrere Kulturen unterschieden werden.
Dies lässt sich am Beispiel Deutschland verdeutlichen: Zunächst gibt es hier die *deutsche* Kultur. Zusammen mit der Schweiz und Österreich vertritt man die *deutschsprachige* Kultur, und gleichzeitig gehören wir zur *europäischen* Kultur, noch allgemeiner zur *abendländischen* Kultur. Innerhalb Deutschlands lassen sich eine bayerische oder sächsische, eine katholische oder protestantische, eine türkische oder russlanddeutsche Kultur unterscheiden. Möglich sind auch Unterscheidungen nach Alter (wie z.B. die Jugendkultur) und nach Berufsgruppen (Wissenschaftskultur, Handwerkerkultur). Und zweifellos kann man immer noch von ost- und westdeutscher Kultur reden: Dies zeigt sich, wenn man beispielsweise Führungsstile ost- und westdeutscher Firmenchefs vergleicht, und auch bei Alltäglichem wie Begrüßungsgewohnheiten (Händeschütteln oder nicht).

Diese Aufzählung von unterschiedlichen Kulturen innerhalb Deutschlands umfasst verschiedene räumliche, sprachliche und soziale Gruppen. Kultur ist also an die Gemeinschaft gebunden, zu der sich der Mensch zugehörig fühlt. Interkulturelle Kommunikation kann demnach als die Kommunikation zwischen Personen aus solchen unterschiedlichen Gemeinschaften verstanden werden. Sie findet nicht nur zwischen Vertretern verschiedener Nationen statt, sondern kann auch zwischen Menschen mit derselben Muttersprache zustande kommen, die im selben Land leben und doch unterschiedlichen sozialen Gruppen angehören.

3.2.2. Kultur – eine Sammlung von Problemlösungen
Um zu bestimmen, was Kultur ist, stellen wir uns zunächst die Frage: Was unterscheidet die Mitglieder einer Kultur von denen einer anderen Kultur? – Die Antwort: Sie sind anders. Sie sprechen anders, sie kleiden sich anders, sie bauen ihre Häuser anders.
Zur Veranschaulichung ein ganz einfaches Beispiel: Ein Haus wird gebaut. In Deutschland werden meist erst die Mauern errichtet und danach die Fenster eingebaut. In Holland jedoch werden auf dem Fundament zunächst die Fenster und Türen auf Holzrahmen gestützt aufgestellt. Danach baut man die Mauern rundherum auf.
Mitglieder unterschiedlicher Kulturen unterscheiden sich folglich danach, wie sie bestimmte wiederkehrende Probleme lösen und Bedürfnisse befriedigen. Deshalb lässt sich ‚Kultur' beschreiben als kollektive Standardlösungen für Standardprobleme. Dabei zählen zur ‚Kultur' sowohl das kollektive Wissen um diese Lösungen (wie und warum baue ich ein Haus) als auch die konkreten Handlungen, die der Ausführung der Lösungen dienen (das Bauen – Graben, Leitungen Legen, Mauern). Auch die Ergebnisse dieser Handlungen (die Häuser) sind ein Bestandteil der Kultur. Sollten sich die Standardprobleme einer Gemeinschaft ändern, verändern sich auch ihre Standardlösungen; folglich sind Kulturen veränderlich und fortwährend in Bewegung.
Zusammengefasst: Eine Kultur unterscheidet sich von einer anderen Kultur durch ihre Standardlösungen. Dazu zählen beispielsweise das Weltbild, die Werte, die Normen, die Gefühle, der Glaube und die Gegenstände, in denen diese Lösungen materialisiert sind – alles, was den Mitgliedern der Kultur Lösungsvorschläge gibt für grundlegende Fragen wie: Wie handle ich in welcher Situation? Welches Verhalten gilt als normal und richtig? Mit welchen Mitteln erreiche ich welche Ziele? Diese Fragen stellen sich Menschen allerdings nur selten bewusst; das Wissen in Form von Problemlösungen verwenden sie ständig unbewusst.

3.2.3. Beispiel: Am Fahrkartenschalter
Hier ein Beispiel: die alltägliche Aufgabe, am Schalter der Bahn eine Fahrkarte zu kaufen. Wie handeln wir normalerweise? Wir warten in gebührendem Abstand, bis wir an der Reihe sind, sagen eine kurze Begrüßung, tragen unseren Wunsch mit einer gewissen Höflichkeit vor, also mit *bitte, ich möchte* usw. (welche Fahrkarte, wohin, wann), wir bezahlen das Ticket, nehmen es entgegen, bedanken uns, verabschieden uns, gehen. Ganz einfach. Doch dabei könnte es theoretisch eine Unmenge anderer Handlungsmöglichkeiten (Problemlösungen) geben. Wir könnten versuchen, uns vorzudrängeln oder in der Schlange wartend so nah am Nachbarn stehen, dass unser Bauch seinen Rücken berührt. Wir könnten dem Verkäufer zur Begrüßung die Hand geben, oder, wenn uns die Verkäuferin mit „Grüß Gott" begrüßt, überrascht antworten, dass wir nicht an Gott glauben. Wir könnten darum bitten, uns den Preis für das Ticket anschreiben zu lassen, oder versuchen, über einen billigeren Preis zu verhandeln.

3.2.4. Kultur ist nicht angeboren
Dieses so selbstverständliche Wissen über die möglichen und richtigen Problemlösungen ist nicht angeboren, sondern erlernt. Wir erlernen unsere Kultur von Geburt an. Das fällt uns gar nicht weiter auf – so wie uns auch der Erwerb der Muttersprache normalerweise keine Schwierigkeiten bereitet. Doch genauso, wie das Erlernen einer Fremdsprache uns schwer fällt, ist auch das Lernen einer fremden Kultur ein mühsamer Prozess und das Ergebnis nicht unbedingt perfekt. Kultur ist zwar eng mit der Sprache verbunden, doch ist es ein häufiger Irrtum, dass das Beherrschen einer Fremdsprache zugleich das Beherrschen der entsprechenden Kultur bedeutet.
An einem Beispiel verdeutlicht: Eine Spätaussiedlerin aus Russland weckt den Ärger der Sachbearbeiterin, weil sie beim Betreten des Zimmers nicht grüßt. Die Sachbearbeiterin beruhigt sich aber gleich mit der Erklärung, dass die Spätaussiedlerin wahrscheinlich kaum Deutsch kann. Es stellt sich jedoch heraus, dass die Klientin fließend Deutsch spricht.
Warum verstößt sie dann gegen die Höflichkeitsregeln und grüßt nicht? Weil sie es aus Behördenbesuchen in ihrer Heimat so kennt. Würde sie die deutschen Benimmregeln kennen, könnte sie diese übernehmen. Das bedeutet, dass man die Standardlösungen einer anderen Kultur übernehmen kann. Dabei können die eigenen ebenfalls beibehalten werden, so dass entsprechend der Situation zwischen den eigenen und den fremden Lösungen variiert werden kann.

4. Kommunikation ist strukturiert

Die gesprochene Sprache kommt uns beim Zuhören zunächst zufällig und spontan vor.
Doch woher wissen wir, wann unser Gesprächspartner mit seinem Beitrag fertig ist und wir ins Gespräch einsteigen können? Wieso und wann fühlen wir uns gezwungen, längeres Schweigen zu beenden? Woher erkennen wir, dass jemand etwas Längeres erzählen möchte, und unterbrechen ihn schon frühzeitig, weil wir es eilig haben und gar nicht die Zeit hätten zuzuhören? Das liegt an festen Strukturen in der gesprochenen Sprache, denen wir, als Mitglieder einer Kultur, in der Regel alle folgen.

4.1. Exkurs in die Geschichte der Sprachwissenschaft

Die Erkenntnis, dass Kommunikation strukturiert abläuft, ist in der Sprachwissenschaft relativ neu. Noch vor vierzig Jahren konzentrierten sich die Wissenschaftler in ihren Analysen auf geschriebene Sprache – vor allem auf die Literatur. Doch allmählich wuchs auch das Interesse an der gesprochenen Sprache und der alltäglichen mündlichen Kommunikation.

Diese Entwicklung wurde auch von der sich rasant entwickelnden Aufnahmetechnik unterstützt – jetzt konnte man Gespräche aufnehmen, mehrmals hören und die Aufnahmen hin- und her spulen. Dies hatte eine ähnliche Wirkung wie die Entwicklung des Mikroskops für die Biologie: das vormals Unbemerkte, Unsichtbare und seine Strukturen konnten erkannt werden.

Sprachwissenschaftler haben alltägliche, nicht gestellte (also echte oder *authentische*) Gespräche auf der Straße, in Schulen, in Arztpraxen oder Behörden aufgenommen und analysiert. Dabei wurde festgestellt, dass unsere mündliche Kommunikation feste Strukturen aufweist, sei es beim Kauf einer Fahrkarte, beim Abwickeln eines Behördenbesuchs oder im Verlauf eines Telefongesprächs. Die neuen Erkenntnisse werden erst ganz allmählich in die Lehrbücher für den Schulunterricht aufgenommen. Deshalb sprechen wir hier etwas ausführlicher über solche Grundlagen der menschlichen Kommunikation.

4.2. Feinstrukturen

Fangen wir mit den feineren Strukturen an: hierzu gehören Redeüberlappungen, Unterbrechungen, Versprecher, Korrekturen und vieles mehr.

Ein Beispiel zu Redeüberlappungen und zum Gesprächseinstieg: Untersuchungen zeigen, dass kaum 5 Prozent des Gesprächs zweier (oder mehrerer) Personen Redeüberlappungen, also gleichzeitiges Sprechen, darstellen. Der Normalfall in einem Gespräch sind wechselnde Sprecherbeiträge – Sprecherwechsel genannt –, die einander nahtlos, in Abständen von nur wenigen Mikrosekunden folgen. Anscheinend handeln wir alle in Gesprächen nach unbewussten Prinzipien. Ist es nun die Körperhaltung, der Blickkontakt oder die Satzmelodie, die uns signalisieren, wann wir in die Rede einsteigen können und sollen? Eine eindeutige Antwort gibt es noch nicht – vermutlich beziehen wir uns auf sämtliche aufgeführte Signale. Noch dazu signalisieren wir mit dem Aufbau unserer Rede, mit bestimmten Aussagen, wann wir mit unseren Ausführungen fertig sind oder eine Reaktion des Gegenübers wünschen.

Entscheidend ist dabei, dass wir bei unserem Gegenüber diejenigen Handlungsstrukturen voraussetzen, denen wir selbst folgen. In interkulturellen Gesprächssituationen können jedoch gerade aufgrund der unterschiedlichen und beim Anderen unbewusst vorausgesetzten Strukturen Probleme entstehen.

Beispielsweise unterscheiden sich viele Franzosen und Deutsche in ihrer Art, in die Rede einzusteigen. Franzosen unterbrechen in der Regel häufiger ihre Gesprächspartner und verursachen mehr Redeüberlappungen als Deutsche. Ein Deutscher könnte in einer solchen Situation das Gefühl bekommen, nicht ausreden zu können. Der Franzose wiederum könnte die fehlenden parallelen (überlappenden) Redebeiträge des Deutschen als Desinteresse interpretieren. Wenn die Beteiligten diese Kulturunterschiede nicht erkennen, sondern die Kommunikation nach den Regeln ihrer eigenen Kultur interpretieren, dann entstehen falsche Interpretationen und ablehnende Zuschreibungen: Deutsche halten Franzosen für chaotisch und frech, und Franzosen empfinden Deutsche als arrogant.

4.3. Größere Struktureinheiten

Eine Ebene über den Strukturen des Sprecherwechsels, sozusagen mit einer geringeren Vergrößerung des ‚Mikroskops' betrachtet, stehen die größeren Strukturen des Gesprächs – die Muster. Muster sind Abfolgen von sprachlichen Handlungen, auf die wir routiniert zurückgreifen können.

Dabei meint *sprachliche Handlung* einerseits einfach das Sprechen, andererseits das *Handeln durch die Sprache*.

Dies kann gut anhand des Beispiels *Versprechen* verdeutlicht werden: Sprechen wir den Satz aus „Ich verspreche, dass ich morgen mit dem Rauchen aufhöre", *versprechen* wir gleichzeitig etwas, und damit voll-

ziehen wir eine Handlung: Wir gehen eine bestimmte Verpflichtung ein. Dadurch ändert sich unsere Beziehung zu unserem Gegenüber.
Bereits in der Kindheit lernen wir diese versteckten Strukturen, parallel zum Erlernen der Muttersprache, und teils beherrschen wir sie sogar schon vorsprachlich. Wir lernen dann, wie wir in der Schule auf Lehrerfragen antworten sollen, wie wir unter Freunden eine persönlich erlebte Geschichte erzählen können oder wie wir einem Arzt unsere gesundheitlichen Beschwerden schildern müssen. Etwas übertrieben könnte man sagen, Muster geben uns Anweisungen zum Handeln, so wie ein Theaterstück den Schauspielern vorschreibt, was sie wann zu tun haben. Im Unterschied zu Schauspielern können wir uns unsere Texte selbst ausdenken, und wir können die Handlungen und ihre Reihenfolge auch je nach Situation mehr oder weniger frei verändern (dabei die vorgegebenen Regeln des kulturell Angemessenen beachtend).
Wie ein Muster aussehen kann, lässt sich an der typischen Struktur von Wegauskünften verdeutlichen. Im Allgemeinen eröffnet der Wegsuchende das Gespräch mit einer Entschuldigung und trägt dann seine Frage vor. Der Gefragte erklärt den Weg, dabei ‚durchläuft' er ihn zusammen mit dem Wegsuchenden im gemeinsamen Wahrnehmungs- und Vorstellungsraum: „Jetzt sehen Sie die Ampel, da gehen Sie rechts..." Möglicherweise stellt der Wegsuchende noch einige genaue Nachfragen und bedankt sich dann für die Hilfe – der Gefragte nimmt den Dank an – reagiert mit einem „Bitte!" oder Kopfnicken. Zu ähnlichen wiederkehrenden Mustern in unterschiedlichen Phasen der Behördengespräche kommen wir im Kapitel 5.

4.4. Muster können sich von Kultur zu Kultur unterscheiden
Solche Muster sind als Problemlösungen ein Teil der Kultur. Wir teilen mit anderen Mitgliedern unserer Kultur das unbewusste Wissen über diese Muster, und vor allem gehen wir auch unbewusst davon aus, dass unsere Mitmenschen denselben Mustern folgen wie wir. Deshalb gibt unsere vertraute Gemeinschaft uns das Gefühl der Sicherheit, denn hier handeln die Anderen so, wie wir es von ihnen erwarten.
Muster können sich von einer Kultur zur anderen unterscheiden. So hat z.B. ein US-amerikanischer Anthropologe festgestellt, dass Engländer und Inder zwei unterschiedliche Arten von Problembeschreibungen benutzen: Die Engländer schildern zunächst das Allgemeine und rücken danach zu den Details vor, während die Inder erst sorgfältig die Einzelheiten der Situation beschreiben, um dann zu allgemeinen Aussagen zu kommen – diese zwei Kulturen haben eben unterschiedliche Lösungen für die Aufgabe, ein Problem zu beschreiben.

‚Falsches', in unserer Kultur ungewöhnliches Einsetzen von Mustern kann als auffällig oder störend wirken, und es kann als Unhöflichkeit oder Inkompetenz des Sprechers aufgefasst werden (wie im oben aufgeführten Beispiel am Fahrkartenschalter). Wenn man sich jedoch dieser möglichen Abweichungen in einer interkulturellen Situation bewusst ist, lassen sich manche Missverständnisse und Konflikte vermeiden.

Außerdem treten in der interkulturellen Kommunikation eigenständige Muster auf: Wenn Menschen aus unterschiedlichen Kulturen einander zum ersten Mal beggnen, handeln sie anders, als wenn sie sich schon längere Zeit kennen und miteinander arbeiten. Denn auch bei wiederholten Kontakten bilden sich Muster, die effektive interkulturelle Kommunikation ermöglichen.

4.5. Weshalb kommt es auf die Strukturen an?

Was die Kommunikation in Behörden betrifft, lässt das Verstehen der Gesprächsstrukturen die Gespräche in den Behörden in einem neuen Licht erscheinen: Sie erweisen sich als geordnet. Einzelne Gespräche lassen sich nach ihrer Struktur untersuchen und zu größeren Einheiten zusammenfassen, klassifizieren und analysieren.

Die Analyse der Kommunikationsstrukturen eröffnet uns Wege zum Auffinden von Alternativlösungen für problematische Kommunikationssituationen. Dieses Wissen dient dazu, unseren Handlungsspielraum in einer konkreten Kommunikationssituation zu erweitern, um in künftigen, ähnlich strukturierten und konfliktbehafteten Situationen effektiver zu handeln.

5. Behördenkommunikation

Im Folgenden werden wir auf die Besonderheiten der Kommunikation zwischen Klienten und Behörden eingehen. Dabei heben wir die Aspekte hervor, die die Kommunikation in dieser Situation besonders erschweren. Das Kapitel wird verdeutlichen, dass Gespräche mit den Klienten öfters eine schwierige Aufgabe für die Behördenmitarbeiter darstellen können. Dies gilt bereits für Gespräche zwischen Bürgern und Behördenvertretern mit gleicher Muttersprache und ähnlichem kulturellen Hintergrund. Auch sie gestalten sich häufig problematisch. Wenn es sich bei den beschriebenen Situationen um interkulturelle Kommunikation handelt, sind die Behördenmitarbeiter dann vor zusätzliche Schwierigkeiten gestellt.

5.1. Besonderheiten von Gesprächen zwischen Behördenvertretern und Klienten

Der Arbeitsalltag in einer Behörde (z.B. Sozial-, Arbeits- oder Ausländeramt) besteht zum großen Teil aus Gesprächen mit Klienten, die mehr oder weniger freiwillig das Amt aufgesucht haben, entweder um eine Leistung oder eine Genehmigung zu beantragen, oder weil sie gesetzlich dazu verpflichtet sind, bei der Behörde vorzusprechen.

Diese alltägliche Situation – der Behördenbesucher auf der einen, der Behördenangestellte auf der anderen Seite des Tisches – bestimmt also den Behördenalltag. Die Situation unterscheidet sich stark von anderen alltäglichen Kommunikationssituationen. Sie ist vor allem durch eine *Asymmetrie*, also ein Ungleichgewicht geprägt, was das Wissen und was die Macht bzw. die Handlungsmöglichkeiten der beiden Personen betrifft. Dieses Ungleichgewicht beeinflusst und erschwert die Kommunikation zwischen dem Klienten und dem Sachbearbeiter und stellt eine potentielle Quelle für Missverständnisse und Konflikte dar.

5.1.1. Ziele der Klienten
Klienten wenden sich mit einem bestimmten Anliegen und Ziel an die Behörde: Sie wollen beispielsweise ihre Aufenthaltserlaubnis verlängern, Kindergeld beantragen oder eine Arbeitsstelle vermittelt bekommen. Das jeweilige Ziel des Klienten ist von seinen individuellen Lebensumständen bestimmt. Diese erlebt er als einmalig. Die Ziele sind für den Klienten oft existentiell, er ist persönlich betroffen. Der Klient ist also gewissermaßen

35

von der Behörde abhängig. Er kommt häufig mit einem Gefühl von Angst oder Misstrauen zur Behörde und nimmt an, dass sie eine Hürde auf dem Weg zum Erreichen seiner Ziele darstellt.

5.1.2. Position des Behördenvertreters
Im Gegensatz zur Abhängigkeit des Klienten hält der Sachbearbeiter in dieser Beziehung als Vertreter der Behörde eine Machtposition. Während der Klient die Rolle eines Bittstellers einnimmt, entscheidet der Behördenvertreter über einen Teil des Lebens seines Klienten. Diese Entscheidungen trifft er aufgrund und mit Hilfe seines umfangreichen Fachwissens über Vorschriften, Gesetze und deren Auslegungsmöglichkeiten, über Verfahren und Abläufe, über den Spielraum, den sein Klient in der einen oder anderen Situation hat. Zudem arbeitet der Behördenvertreter mit einem besonderen Wortschatz – mit Fachbegriffen, die für den Klienten, unabhängig von seinen Sprachkenntnissen, oft unverständlich bleiben.

5.1.3. Eine ungleiche Situation
Der Besucher einer Behörde ist also ein Laie und verfügt nicht über das Fach- und Behördenwissen, das der Behördenmitarbeiter als ‚Profi' hat. Der Aufbau und die Entscheidungen der Behörde können ihm als undurchsichtig und nicht nachvollziehbar erscheinen. Stellt man diesen Eindruck der Tatsache gegenüber, dass die Ergebnisse des Behördenbesuchs für den Klienten von existentieller Bedeutung sind, kann man sich das Konfliktpotential gut vorstellen, das diese Situation birgt. Aus Unkenntnis der Vorschriften und aus persönlicher Betroffenheit resultieren auf Seiten des Klienten Erwartungen, und diese können vom Behördenangestellten als unangemessen hoch empfunden werden. Dies frustriert beide Beteiligte.

In der eben angesprochenen Betroffenheit manifestiert sich erneut das Ungleichgewicht der Situation: Im Unterschied zum Klienten ist der Sachbearbeiter nicht unmittelbar von den Folgen der behördlichen Entscheidung getroffen. Er vertritt die Institution. Der Bürger jedoch muss mit dieser Entscheidung leben.

5.1.4. Abstrahieren vom Einzelfall
Damit der Einzelfall eines Behördenbesuchers bearbeitet werden kann, muss ihn der Sachbearbeiter für sich typisieren, vereinfachend einordnen. Nur so kann er die vorhandenen Gesetze und Vorschriften anwenden und eine bestimmte Entscheidung treffen. Dadurch wird der konkrete Einzelfall

abstrakter gemacht, bis er in die Kategorien der Behörde hineinpasst. Dabei kann es vorkommen, dass am Ende der Bearbeitung der Klient seinen Fall, eine Episode seines eigenen Lebens, nicht wieder erkennt und deshalb die behördlichen Vorgänge als noch weniger nachvollziehbar empfindet.

5.1.5. Was wird von den beiden Beteiligten erwartet?
Aufgabe des Bürgers im Gespräch mit einem Behördenvertreter ist es, seinen individuellen Fall möglichst genau und objektiv darzulegen. Dabei muss er diesen Lebensausschnitt derart präsentieren, dass die Darstellung den Anforderungen der Behörde entspricht – also nicht abschweifen, nicht ausführlich seine Gefühle darstellen oder unnötige Details hinzufügen.
Der Sachbearbeiter seinerseits hat die Aufgabe, den Fall gemäß den relevanten Gesetzen und Vorschriften zu bearbeiten und zu einer Entscheidung zu kommen. Er muss den Bürger über diese Entscheidung mündlich oder schriftlich in Kenntnis setzen.

5.1.6. Schriftlichkeit im Behördenalltag
Schriftlichkeit (das Schreiben und Lesen) spielt im Alltag des Sachbearbeiters eine zentrale Rolle. Eine Behörde kann ohne Papier oder Computer nicht funktionieren. Sie helfen, die unzähligen Informationen in einem Amt zu speichern und von einem Mitarbeiter an den anderen weiterzugeben.
Damit die Daten erfasst werden können, muss der Bürger Fakten seines Lebens aus seiner üblichen mündlichen Sprache in die schriftliche ‚übersetzen'. Hierin besteht ein weiteres Problem der Behördenkommunikation: Der Bürger ist in der Regel weniger gewohnt, mit der Schriftlichkeit umzugehen, die Verwaltungstexte kommen ihm unverständlich vor. So kann es beispielsweise vorkommen, dass der Sachbearbeiter auch einem muttersprachlichen Klienten den Inhalt eines Formulars erklären muss.
Das Ausfüllen der Formulare wird auch dadurch erschwert, dass diese die Daten aus einer einheitlichen Behördenperspektive abfragen. Der Klient wiederum vertritt die individuelle Sichtweise seines Falls und muss, wie oben dargelegt, seine eigene Situation in die Behördensprache abstrahierend ‚übersetzen'.

5.1.7. Chancen der Position des Behördenvertreters
Behördenangestellte sind verpflichtet, in ihren Handlungen die Zwecke der Behörde zu verfolgen, die wiederum auf gesetzlichen Vorschriften und Verordnungen beruhen, teils auch auf einer ‚ungeschriebenen' Behördenkultur. Zuweilen gibt es für Angestellte kleinere Spielräume bei der Ausle-

gung der Gesetze und Verordnungen: Sie können diese den jeweiligen Fällen anpassen, so dass eine sach- und problemgerechte Entscheidung zustande kommt.
Darüber hinaus stellt die dominante Rolle des Behördenvertreters im Gespräch ein positives Handlungspotential dar. Während die Aufgabe des Klienten im Reagieren liegt, reguliert und strukturiert der Sachbearbeiter die Kommunikation im Gespräch. Deshalb kann über die Verbesserung der Kommunikationskompetenzen des Sachbearbeiters die gesamte Kommunikation effektiver gestaltet und entschärft werden, beispielsweise indem er eine negative Behördenentscheidung erläutert, dabei die Enttäuschung des Klienten versteht und seine Reaktion nicht als Angriff auffasst.

5.2. Welche Strukturen haben die Gespräche in Behörden?
Im Kapitel 4 hatten wir ausführlich thematisiert, dass mündliche Kommunikation bestimmten Strukturen folgt. Welche Strukturen weisen nun die Gespräche auf, die in einer Behörde geführt werden?
Die Analysen von Aufnahmen und Transkriptionen (Verschriftlichungen) von Behördengesprächen haben gezeigt, dass in Behörden (z.B. Sozialamt, Arbeitsamt, Ausländeramt) unter anderem zwischen Datenklärungs- und Beratungsgesprächen unterschieden werden kann.

5.2.1. Datenklärungsgespräche
Datenklärungsgespräche treten auf, wenn Klienten einen (meist an ein Formular gebundenen) Antrag stellen wollen, oder einfach, wie beim Meldeverfahren, ihre personenbezogenen Daten der Behörde übermitteln sollen. In solchen Fällen muss der Klient seine Lebensumstände ‚in die Behördensprache übersetzen', wie oben bereits dargelegt wurde. Das Muster zeichnet sich durch eine Kette von Fragen und Antworten aus, die sich an dem auszufüllenden Formular orientieren. Dass dieses Muster sehr spezifisch für Behördenkommunikation ist, zeigt sich, wenn man sich ein Datenklärungsgespräch außerhalb der Behörde vorstellt. Im ‚normalen Leben' würde dieses Muster kaum Verwendung finden.

5.2.2. Beratungsgespräche
In Beratungsgesprächen können dem Klienten Hilfestellungen für den Umgang mit der Behörde oder mit bestimmten Problemen seines Lebens gegeben werden, wie beispielsweise im Arbeitsamt zum Thema *Weiterbildung*. Der Bürger wendet sich an die Behörde in einer Angelegenheit, bei der er selbst nicht über ausreichendes Wissen verfügt und daher die

professionelle Hilfe eines Sachbearbeiters in Anspruch nimmt. Im Folgenden wollen wir den Musterablauf eines Beratungsgesprächs als Beispiel für Strukturen der Behördenkommunikation näher erläutern.

5.2.3. Muster des Beratungsgesprächs
Beratungsgesprächen liegt in der Regel eine verallgemeinerbare Struktur zugrunde, bei der unterschiedliche Teilmuster eingesetzt werden:

Situationseröffnung
Das erste Muster umfasst üblicherweise eine Begrüßung, und meistens bittet der Sachbearbeiter danach den Klienten, Platz zu nehmen. In diese Phase gehört das gegenseitige Vorstellen oder die Identifizierung des Klienten, die Besprechung des Zeitrahmens und die Klärung der Frage, ob der Sachbearbeiter der richtige Ansprechpartner ist.

Klärung des Problems oder des Anliegens
Jetzt stellt der Klient mittels bestimmter Aussagen und Erzählungen mehr oder weniger detailliert sein Anliegen dar, wobei der Behördenvertreter Nachfragen stellt, um relevante Details zu klären. Durch Aussagen wie „Jetzt wollte ich gerne wissen…" kann nun der Klient den Sachbearbeiter zur Lösungsbeteiligung auffordern.

Entwickeln einer Problemsicht durch den Behördenmitarbeiter
In diesem Teilmuster findet die bereits beschriebene Umformulierung des Klientenanliegens in ein Standardproblem der Verwaltung statt. Der Sachbearbeiter schildert die Sicht der Behörde auf das Anliegen, die von der Klientensicht abweichen kann.

Lösungsentwicklung und Lösungsverarbeitung
In dieser Phase entwickelt der Behördenmitarbeiter Lösungsmöglichkeiten, die der Klient prüft, annimmt oder ablehnt. Das Muster ist erst abgeschlossen, wenn der Klient zu erkennen gibt, dass er die Lösungsvorschläge in seine Handlungen übernehmen will. Wenn dies nicht der Fall ist, kann die Phase erneut durchlaufen werden.

Situationsauflösung
Wenn eine passende Lösung gefunden wurde – aber auch dann, wenn keine Lösung akzeptiert wurde –, erfolgen Dank und Würdigung der Beraterleistung durch den Klienten. Dies signalisiert das Ende des Gesprächs, wobei auch der Berater das Zeichen für die Situationsauflösung geben kann. Die Beteiligten verabschieden sich.

Die hier vorgestellten Muster können auch in Kombination mit anderen Mustern, wie denen des oben genannten Datenklärungsgesprächs, auftreten oder je nach Art der Behörde Abwandlungen erfahren. Auch in interkulturellen Gesprächen kann sich diese Struktur verändern.

5.3. Besonderheiten der interkulturellen Behördenkommunikation

Wenn die Kommunikation in einer Behörde zwischen Klienten und Sachbearbeitern mit ähnlichem kulturellen Hintergrund und einer gemeinsamen Muttersprache bereits Schwierigkeiten birgt, sind interkulturelle Behördengespräche umso störungsanfälliger.

5.3.1. Interkulturelle Besonderheiten

Die augenfälligste Hürde in der interkulturellen Behördenkommunikation sind Sprachprobleme. Nicht-muttersprachliche Klienten haben Schwierigkeiten mit dem komplizierten Satzbau und dem spezifischen Vokabular der Behördensprache, schnelles oder dialektgefärbtes Sprechen erschwert ihnen das Verstehen erheblich, und überdies kann es ihnen schwer fallen, Sachverhalte auf Deutsch klar darzustellen, wie in folgendem Beispiel.

Beispiel 1:
K: Ich hab seit letztes Jahr vierzehn Monat hab ich die Antrag gemacht,
M: hmm,
K: hab hier abgegeben,
M: hmm?
K: und die Zentrale Ausländerbehörde geschickt hatten die auch ( ) wieder geschickt. Ah?
M hmm,
K: Ich hab dort angerufen die haben gesagt das. *[klopft auf den Tisch]* Steht in deine Akten dass seit *[klopft]* April zweitausend vier haben Sie die Antrag gemacht und wir haben Ausländerbehörde Stadt Sommerdorf geschickt warum haben Sie das nicht gekriegt. Isch habs/ isch weiß es ne.
M: Ich=ee ich weiß jetz nicht was Sie jetzt ganz konkret meinen ich hab das alles jetzt nicht so richtig verstanden ehrlich gesagt.

Der Klient hat hier offensichtlich Schwierigkeiten, sein Anliegen verständlich zu formulieren, und die Sachbearbeiterin signalisiert ihm schließlich, dass sie ihn nicht versteht.

Weniger offensichtlich, jedoch keineswegs weniger wichtig als sprachliche Schwierigkeiten ist die Wirkung der unterschiedlichen Kulturzugehörigkeit von Sachbearbeiter und Klient. Unterschiede im Wissen, den Handlungen und den Erwartungen zweier Angehöriger verschiedener Kulturen können im Gespräch Probleme und Missverständnisse nach sich ziehen.

Im folgenden Beispiel ist eine chinesische Klientin in die Ausländerbehörde gekommen, um ihren Aufenthaltstitel verlängern zu lassen:

Beispiel 2:
M: (Mal schaun) ach Sie hatten ja auch zwischenzeitlich noch mal angerufen, ne?
K: Hehe entschuldigung.
M: Ich seh=s gerade im Computer. Nee des macht doch nichts, wegen einen Termin, na?

Die Klientin entschuldigt sich für ihren Anruf bei der Sachbearbeiterin, worauf diese zu verstehen gibt, dass es keinen Grund gibt, sich zu entschuldigen. In diesem Kontext ist die sprachliche Handlung des Sich-Entschuldigens für deutsche Ohren recht ungewöhnlich. Warum entschuldigt sich die Klientin? Vermutlich, weil im Chinesischen das Aussprechen einer Entschuldigung eine andere Bedeutung hat als im Deutschen: Man entschuldigt sich auch in Situationen, in denen man sich z.B. auf Deutsch bedanken würde. Außerdem handelt die Klientin wahrscheinlich entsprechend den sprachlichen Handlungsmustern, die sie aus Behördenbesuchen in China kennt. Aus ihrer Sicht hat sie der Mitarbeiterin zusätzliche Arbeit verursacht, und nun ruft die Mitarbeiterin dies auch noch in Erinnerung. In solch einer Situation gehört es sich in einem chinesischen Behördengespräch, eine Entschuldigung auszusprechen, um sich bei der Sachbearbeiterin zu bedanken und gleichzeitig den gebührenden Respekt zu zeigen.

Einige Zuwanderer haben im Heimatland traumatische Erfahrungen mit Polizei- oder Behördenvertretern gemacht. Dies kann der Fall sein in Ländern, die von einer Diktatur regiert werden. Auch Regierungen, die sehr zentralistisch aufgebaut sind und sich wenig für die Belange des Volkes interessieren, können bei ihren Bürgern negative Emotionen gegenüber Behördenvertretern verursachen. Dieses Erfahrungswissen kann dann auch den Umgang von Migranten mit deutschen Behördenvertretern negativ beeinflussen und übertriebene Ängstlichkeit oder Aggressionen im Behördengespräch verursachen. Man kann annehmen, dass es für Klienten aus solchen Ländern sehr ungewohnt ist, sich bei einem Sachbearbeiter über eine Behördenentscheidung zu beschweren. In Deutschland wäre solches Handeln jedoch durchaus denkbar.

Es ist ebenfalls vorstellbar, dass in einigen Kulturen behördliche Entscheidungen von der Darbietung angemessener Geschenke oder Bestechungsgelder abhängen. Für Klienten mit derartigem kulturellem Hintergrund ist es dann ungewohnt, wenn sie in einer deutschen Behörde mit solchen Methoden nicht vorankommen.

Die kulturell bedingten Probleme können sehr vielfältig sein. Sie erstrecken sich vom Blickverhalten über ein anderes Rollenbild der Frau bis hin zum Signalisieren oder Nicht-Signalisieren von Verständnisschwierigkeiten in einem Behördengespräch.

Hier ein Beispiel zum Thema Körperdistanz: Angenommen, ein Sachbearbeiter führt stehend ein Gespräch mit einem Klienten, beispielsweise auf dem Behördenflur. Wenn der Klient in dieser Situation dem Behördenvertreter aus dessen Sicht körperlich *zu nahe* tritt, kann es daran liegen, dass der Klient eine *geringe* Körperdistanz unbewusst als ganz normal und rücksichtsvoll betrachtet. So löst dieser die Aufgabe, sich zu seinem Gesprächspartner körperlich zu verhalten, entsprechend dem Handlungswissen, das er in seiner Kultur erworben hat. Es ist theoretisch möglich, dass der Klient den Versuch seines Gegenübers registriert, eine größere, für jenen angenehme Körperdistanz einzunehmen, und er deutet dies gemäß seinen kulturellen Normen als *Verweigerung einer persönlichen Beziehung* und als *Unhöflichkeit*. Wir erwarten eben, meistens unbewusst, von unserem Gegenüber die Anwendung der uns vertrauten Normen.

Umfangreiches Wissen über verschiedene Kulturen kann sehr hilfreich sein, um solchen Schwierigkeiten zu begegnen. Doch ist es zweifellos nicht möglich, sämtliche Kulturen der Klienten zu kennen. Daher ist die generelle Sensibilisierung dafür, wie sehr Kultur unser Handeln und Wahrnehmen beeinflussen kann, noch wichtiger.

An dieser Stelle muss angemerkt werden, dass interkulturelle Kommunikation längst nicht *immer* problematisch abläuft, unter anderem auch wegen der erhöhten ‚Störungstoleranz', welche die Beteiligten entwickeln, sobald sie merken, dass ihr Gegenüber eine andere Kultur repräsentiert.

5.3.2. Institutionelle Besonderheiten

Der behördliche Rahmen in Gesprächen mit ausländischen Klienten kann sich zuweilen noch schwieriger gestalten als in Gesprächen mit Klienten mit deutscher Staatsbürgerschaft. Die Gründe liegen in den teils noch komplexeren Vorschriften und Gesetzeslagen für Ausländer oder auch im Fehlen von adäquaten Vorschriften für bestimmte Migrantengruppen. Eine zusätzliche Schwierigkeit stellt die starke Betroffenheit dar, die Behördenentscheidungen bei Ausländern mit unsicherem Aufenthaltsstatus wie z.B. bei Asylbewerbern auslösen.

Folgendes Beispiel aus der Ausländerbehörde zeigt, dass unterschiedliche institutionelle Faktoren die Kommunikation zwischen Sachbearbeiter und Klient negativ beeinflussen können:

Beispiel 3a:
M: Die Staatsangehörigkeit die interessiert mich gar nicht. Die Zentrale Ausländerbehörde hat von mir diese Sachen/ Unterlagen abgefordert und diese Unterlagen muss ich der Zentralen Ausländerbehörde auch schicken.
K: Ob die Zentrale Ausländerbehörde die wollte/
M: Was sie mit den Bildern machen/
K: Meine Frau und Kinder abschoben oder nicht? Das ist meine Frage.
M: Herr T, die wollte nicht nur Ihre Kinder und Ihre Frau abschieben, die wollen Sie auch abschieben.
K: Ich?
M: Sie haben alle nur eine Duldung. Duldung heißt die Aussetzung der Abschiebung.

In diesem Gespräch mit einem abgelehnten palästinensischen Asylbewerber wird zunächst ein institutionelles Problem deutlich: Hier geht es um Vorgänge und Entscheidungen, die von einer anderen Ausländerbehörde eingeleitet und getroffen worden sind. Die persönlichen Kontakte mit den Betroffenen müssen jedoch Sachbearbeiter der Behörde mit Publikumszugang abwickeln. Der Sachbearbeiter im vorliegenden Beispiel muss den Klienten dazu bringen, bestimmte Unterlagen einzureichen. Der Klient vermutet, dass der Vorgang mit der Abschiebung zu tun hat. Der Sachbearbeiter bestätigt seine Annahme. Einige Minuten später wird das Gespräch sehr emotional:

Beispiel 3b:
K: Weil so geht das nicht. Sechs Jahre bin ich hier und meine Passport ist bei Ihnen und Sie sagen ja wir überlegen das, was mit dir/ was machen, ja, du kriegst kein Aufenthalt, du kriegst gar nix, ja, weiter, was. Was noch. Das ist meine Frage. Was noch. Ich bin seit sechs Jahr hier. Ich hab ein Strafe gemacht? Sagen Sie bitte, ich hab eine Strafe gemacht?
M: Weiß jetzt nicht, ich müsst jetzt Ihre Akte lesen/
K: Du weißt selber genau, dass nee. Ich hab keine Strafe, ich bin ordnunge Mensch. Was möchten Sie von mir? Bis jetzt, bis jetzt nur Ärger, jede zwei Monat jede ein Monat schicken Sie mir eine Breef, macht mein Kopf schmerzen.

Hier wirft der Klient dem Sachbearbeiter vor, ihm trotz guter Führung keinen Aufenthalt zu gewähren und viel Ärger zu bereiten. Der Sachbearbeiter muss hier viel Verständnis und Geduld aufbringen, um einerseits den Klienten in seiner verzweifelten Lage zu verstehen und andererseits Verantwortung für die von einer anderen Behörde getroffenen oder hinausgezögerten Entscheidungen zu vertreten.

5.3.3. ‚Kommunikative Teufelskreise' in der Behördenkommunikation

Das eben aufgeführte Beispiel verdeutlicht ein weiteres Problem der interkulturellen Behördenkommunikation, das von Michael Seifert in einer Untersuchung des Verhältnisses ausländischer Klient – deutscher Behördenvertreter beschrieben wurde. Es wird als ‚kommunikativer Teufelskreis' bezeichnet.

Beide im Behördengespräch Beteiligten treten mit einer bestimmten vorgefassten Meinung über den Anderen in die Kommunikation ein. Diese Meinungen stimmen in einem überein: Sie geben der jeweils anderen ‚Partei' die Schuld am Misslingen der Kommunikation. Ausländische Klienten sehen die Behördenvertreter als unfreundlich, unhöflich und ausländerfeindlich. Sachbearbeiter wiederum beschreiben die Klienten als viel zu anspruchsvoll und aggressiv. Wie ist das zu erklären?

Die Antwort liegt in den jeweils gegensätzlichen Bedürfnissen der Beteiligten. Ausländische Klienten – als Mitglieder einer oft gering geschätzten Minderheit mit rechtlich unsicherem Status – sind stark auf reibungslose und Anteil nehmende Kommunikation in der Behörde angewiesen. Die Behördenmitarbeiter wiederum sind angesichts des Drucks und Stresses an einer Standardisierung und Routinierung ihrer Arbeit interessiert. Dies bedeutet für den Angestellten, Beziehungen mit persönlicher Färbung zu vermeiden, Unpersönlichkeit zu betonen und sich an die vorgeschriebenen Routinen zu halten. Deshalb reagiert der Sachbearbeiter distanziert, vielleicht auch unfreundlich auf das dem Migranten unterstellte Anspruchsdenken. Der Migrant wiederum erwidert diesem verletzenden Handeln mit Aggressivität. So kommt es zu einem Strudel aus Misstrauen und Missverstehen. Die Beteiligten übertragen ihr negatives Bild vom Anderen auf ihr Gegenüber und provozieren so genau die Handlungsweisen, die sie an dem Anderen kritisieren. Wie lässt sich dieser (Teufels-)Kreis durchbrechen?

Die von der Behörde legitimierte Machtposition des Behördenvertreters birgt ein Handlungspotential. Es liegt in *seiner* Macht, den Kreislauf zu durchbrechen. Indem man versucht, die Perspektive des Klienten einzunehmen, bestimmte Gesprächstechniken anzuwenden und dabei das Wissen um mögliche kulturelle Unterschiede und um die tückische Klient-Sachbearbeiter-Asymmetrie im Hinterkopf behält, kann eine Konfliktsituation abgeschwächt oder gar vermieden werden.

Im nächsten Kapitel wollen wir näher auf konkrete Gesprächstechniken eingehen, die den ‚kommunikativen Teufelskreis' zu durchbrechen helfen.

6. Verstehen, Missverstehen und Nicht-Verstehen in Behördengesprächen: Strategien für den Berufsalltag

In Abschnitt 5.3 wurden Besonderheiten interkultureller Behördenkommunikation behandelt, die Probleme in Klient-Sachbearbeiter-Gesprächen verursachen können. Im Folgenden werden beispielhaft solche Verständigungsprobleme veranschaulicht; dabei wird es vor allem um Missverständnisse gehen.

6.1. Was sind Missverständnisse?

Missverständnisse ergeben sich in Situationen, in denen eine Person die Äußerung einer anderen Person anders versteht, als es im Muster eigentlich vorgesehen ist.

Diese Situation ist uns allen auch innerhalb der eigenen Kultur geläufig und stellt eine Normalität des Alltags dar. Sie kostet uns Zeit und Nerven und tritt in der interkulturellen Behördenkommunikation leider häufig auf; denn Behördenkommunikation ist besonders störungsanfällig in *interkulturellen* Situationen, wie in den vorhergehenden Kapiteln herausgearbeitet wurde.

Institutionelle Missverständnisse können jedoch auch in der Kommunikation zwischen zwei Muttersprachlern bzw. Vertretern derselben Kultur auftreten. Daher sollten Kommunikationsprobleme in einer Behördensituation nicht vorschnell als *interkulturell* bedingt abgestempelt werden.

6.2. Institutionell bedingte Missverständnisse

Institutionell bedingte Missverständnisse können entstehen, weil der Klient mit Erwartungen zur Behörde kommt, die überzogen oder falsch sind, beispielsweise mit falschen Vorkenntnissen darüber, welche Dokumente für einen bestimmten Antrag vorzulegen sind.

Im folgenden Gesprächsbeispiel will die Sachbearbeiterin einen irakischen Klienten darüber informieren, dass er ‚bei der Arbeit' einen deutschen Führerschein erwerben kann, den das Sozialamt bezahlt. Sie vermutet zunächst, dass der Klient Probleme mit dem Wort *Führerschein* hat, doch der Klient hat tatsächlich Schwierigkeiten nachzuvollziehen, dass sein irakischer Führerschein in Deutschland nicht anerkannt wird. Das heißt, das Sprachwissen bereitet dem Klienten in diesem Fall weniger Probleme als das (fehlende) Wissen über die behördlichen Vorgänge.

Beispiel 4:
M: Dann können Sie bei der Arbeit hier auch einen Führerschein machen
K: jaa
M: Wissn was Führerschein is?
K: Isch habe Führerschein
M: aber
K: aber isch kann gut fahren
M: ( ), ja aber Sie brauchen einen deutschen Führerschein.
K: Ja aber ähm muss äh hier machen
M: ja
K: sch kann machen
M: Sie können/ . Sie können das hier machen bei der Arbeit und das Sozialamt bezahlt das.
K: Bezahlen äh für Führerschein
M: ja
K: okay
M: Ja und da sin Se ouch zufrieden mit dem Geld, ne?
K: Danke schön.
M: Mach mor es so? Einverstanden?
K: Äh jetzt äh alles ähm Sozialamt äh a/alles zahlen von ähm ich machen (Führerschein).

Den Verlauf und die Reihenfolge der Handlungen in einer Behörde kennen meist nur die Behördenvertreter im Voraus. Die Klienten erfahren dies im Vollzug. Sie können dann nur im Nachhinein rekonstruieren, welche behördlichen Schritte notwendig waren, um ihr Anliegen zu bearbeiten. Das Erfassen institutioneller Verfahren wird erschwert, wenn der Sachbearbeiter viele Fachausdrücke, Abkürzungen und Verweiswörter wie *dies*, *dazu* und *denn* benutzt, statt Angesprochenes genau zu formulieren. Auch der Ausdruck *wir* als Bezeichnung für alle Vertreter der Behörde statt einer genauen Bezeichnung des Kollegen oder der entsprechenden Behördenstelle kann zusätzliche Unklarheiten schaffen.

6.3. Interkulturell bedingte Missverständnisse

In Kapitel 5.3 wurden bereits interkulturelle Gründe für Kommunikationsprobleme in der Behörde besprochen. Auch Missverständnisse können auf unterschiedliche kulturelle Zugehörigkeit von Klient und Sachbearbeiter zurückgeführt werden.

Kapitel 3.2.4 beschreibt eine Situation, in der eine russische Spätaussiedlerin beim Betreten des Zimmers die anwesende Sachbearbeiterin nicht grüßt. Wenn wie in diesem Fall ausländische Klienten in ihrem Heimatland bestimmte behördliche Handlungsmuster anders kennen gelernt haben, liegen Gründe für das entstandene Missverständnis in der interkulturellen

Situation, im unterschiedlichen Musterwissen der Beteiligten. Darüber hinaus stellen insbesondere sprachliche Schwierigkeiten eine wichtige Ursache für interkulturell bedingte Missverständnisse dar.

6.4. Probleme mit dem Paraverbalen
Ein häufiger Grund für Missverständnisse sind Probleme mit dem *Paraverbalen*, das heißt mit dem ‚Nebensprachlichen' in Äußerungen. Zu den paraverbalen Elementen von Kommunikation zählen z.b. ein zu schnelles Sprechtempo oder mangelnde Betonung von inhaltlich wichtigen Stellen im Gespräch, bedingt etwa durch das Fehlen von Pausen.

6.5. Lautveränderungen durch dialektgefärbtes Sprechen
Auch wenn Nicht-Muttersprachler über gute Deutschkenntnisse verfügen, können sie Schwierigkeiten beim Verstehen deutscher Dialekte haben. Sie gehen meistens mit der Erwartung zur Behörde, auf Hochdeutsch angesprochen zu werden. Wenn sie dann einem Dialekt sprechenden Sachbearbeiter begegnen, fühlen sie sich dadurch umso mehr verunsichert.

Beispiel 5:
M: Na da krigg ich Sie ooch nisch rein, mir ham nischt un vom Arbeitsamt kommt im Moment ooch nix. So . nu könn=mor eens machn, Sie gehen...

Der sächsische Dialekt kann dem Hörer in diesem Beispiel Probleme bereiten, die ausschließlich auf die dialektgefärbte Aussprache und nicht auf die Inhalte zurückzuführen sind.

6.6. Unbekannte Wortbedeutung
Eine für Behördensituationen typische Ursache des Missverstehens sind Fachausdrücke, die der Klient nicht kennt oder deren Inhalt er falsch herleitet.

Beispiel 6:
M: Seit wann sind=n Sie in dor Selbsthilfe und ham dort gearbeitet?
K: Was bitte?
M: Wann ham Sie dort begonnen?
K: hmhm
M: Bei der Selbsthilfe zu arbeiten?
K: hmhm ((3Sek.))
M: Ja, seit wann arbeiten Sie dort? Bei der Selbsthilfe?
K: ((4 Sek.)) Se/ Se/ Selbsthilfe?
M: ja
K: Ahhh . ich? ähh ähh ((2 Sek.)) (diesen) Selbsthilfe äh

Verstehen, Missverstehen und Nicht-Verstehen in Behördengesprächen

Der Klient im Beispiel 6 kennt den Fachbegriff *Selbsthilfe* als Bezeichnung einer Organisation nicht, und er versucht ohne Erfolg, dessen wörtliche Bedeutung zu erschließen. Auf ähnliche Weise kennt die Klientin im folgenden Beispiel 7 den Begriff *Feststellungsmaßnahme* nicht. Solche Fachbegriffe stellen für die Behördenangestellten ihren selbstverständlichen Alltag dar, während sie für die Klienten häufig eine Hürde sind.

Beispiel 7:
M: Und auch bei der Feststellungsmaßnahme?
K: (Ich habe noch keine Feststellung.)

Zu der hier beschriebenen Gruppe lassen sich auch die sprachlichen Missverständnisse zählen, die durch Überlappung der Muttersprache des Klienten und der deutschen Sprache entstehen. Missverständnisse entstehen in diesen Fällen beispielsweise durch direkte und damit falsche Übersetzungen aus dem Deutschen in die Muttersprache. Hier ein Beispiel:

Beispiel 8:
M: Hier ist noch mal/ hier ist noch mal ein Merkblatt beigefügt wo das alles beschrieben ist wie=s langgeht, und hier eine Liste der aktuellen Kursträger in Sommerdorf. Ne? Dass Sie schauen können wenn Sie teilnehmen möchten, gucken Sie was in Ihrer Nähe ist . und/
K1: Ти можеш курсірoвать ( )
Ty mozhesh kursirovatj ( )
Du kannst fahren ( )
K2: Ich verstehe.
K1: Leipzig, Dresden,
M: Na nach Dresden brauchen/
K1: Überall.
M: Wie bitte?
K2: *[lacht]* Er sagt dass . ich . habe . Recht ee im ganze Sachsonien fahren, да?
da?
ja?

In dieser Situation informiert die Sachbearbeiterin ein ukrainisches Ehepaar über die Möglichkeiten, einen Integrationskurs zu besuchen. Der Mann (K1) kann nur wenig Deutsch. Er hört das Wort *Kurs* und folgert daraus, dass die Sachbearbeiterin gerade erklärt, dass es seiner Frau (K2) gestattet ist, sich in ganz Sachsen aufzuhalten – das ukrainische Verb *kursirowatj* bedeutet *fahren, verkehren*. Die Frau versteht zwar etwas besser Deutsch, ist sich aber anscheinend nicht ganz sicher, ob ihr Mann es vielleicht doch richtig verstanden hat und sie sich nur innerhalb Sachsens aufhalten darf. Die Sachbearbeiterin klärt sie jedoch auf, dass ihre Wohnsitznahme zwar auf die Stadt Sommerdorf in Sachsen beschränkt ist, dass sie ansonsten aber frei herumfahren kann. Das Missverständnis mit dem Thema *Integrationskurs* bleibt ungeklärt.

6.7. Zu komplizierter Satzbau
Stark verschachtelte Sätze oder die Benutzung von komplizierten Formulierungen können dem Klienten das Verstehen erschweren.

Beispiel 9:
M: ... dann würde ich mit Ihnen einen Termin vereinbaren, wo ich Ihnen (ernsthaft) sagen könnte, weil es ziemlich umfangreich/ oder das/ können wir das gemeinsam machen und ich Ihnen schon Bescheid geben könnte...

Für Klienten mit geringen Deutschkenntnissen sind solche langen Sätze mit eingebetteten Nebensätzen und Umbrüchen schwer zu verstehen. Auch wenn das wichtigste Verb ganz am Ende eines langen Satzes steht, besteht die Gefahr, dass der Hörer schon in der Satzmitte aufhört zuzuhören.

6.8. Kommunikativer Zweck
Wenn der kommunikative Zweck einer Äußerung nicht so verstanden wird, wie er ursprünglich vom Sprecher geplant war, entstehen ebenfalls Missverständnisse. Im Beispiel 10 stellt die Sachbearbeiterin eine Frage, die vom Klienten aber nicht als Frage verstanden wird, sondern als Aussage.

Beispiel 10:
M: Warum ge/ warum zeigen Sie mir das jetzt erst?
K: ja
M: Warum geben Sie mir denn das jetz erst und nicht schon VORhin. ((3 Sek.)) Dann können wa alles nochmal machen weil das jetzt alles falsch ist. Die falsche Anschrift.

Manchmal ist es schwer zu erkennen, welche Voraussetzungen den Äußerungen des Kommunikationspartners zugrunde liegen, weshalb also jemand etwas sagt. Im folgenden Beispiel bekommt ein irakischer Klient einen Job angeboten. Wegen einer Vertretungsübertragung sind bei der Beratung zwei Mitarbeiter anwesend. M2 informiert den Klienten darüber, dass er mit Frauen zusammenarbeiten wird, denn sie nimmt an, dass er damit Probleme hat. Es braucht Zeit, bis der Iraker ihre Unterstellung versteht.

Beispiel 11:
M2: Wissen Sie, was ich noch sagen möchte? Bei dieser Arbeit hier ne das hat nämlich die Frau S extra gesagt . das sin alles Frauen.
K: Frauen?

Verstehen, Missverstehen und Nicht-Verstehen in Behördengesprächen

M1: hm
K: oh
M2: Ist das schlümm? Vielleicht ein oder zwei Männer
K: okay
M2: Ke . kein Problem no?
K: Kein Problem for misch
M2: gud *[lacht]*
K: For mich kein Problem *[lacht]*
M2: Okay, ich sach nur Bescheid, ne dass der dann=n Schock kriegt wenner *[lacht]*
K: Nein *[schüttelt den Kopf]* nein for misch kein Problem, aber for Sie?

Sowohl die Behördenmitarbeiter wie der Klient gehen in diesem Beispiel davon aus, dass auf der Arbeitsstelle überwiegend Frauen beschäftigt sind, und nehmen an, dass die jeweils andere Partei damit ein Problem verbindet.

6.9. Wie Missverständnisse und Nicht-Verstehen identifiziert und Verstehen gesichert werden kann

Wie merkt man, dass der Klient einen nicht oder falsch versteht? Zunächst ist es wichtig, ein Missverständnis oder das Nicht-Verstehen zu identifizieren. Die nachstehend beschriebenen Strategien zielen darauf ab, das Handeln (oder Nicht-Handeln) des Klienten im Gespräch zu beobachten.

6.9.1. *Hörersignale*

Im Laufe eines Gesprächs signalisiert der Hörer mit kleinen, oft automatischen und unbewussten Äußerungen wie *ah, ja* oder *hmhm*, dass er dem Sprecher folgt. Wenn solche *Höreraktivitäten* fehlen, kann man vermuten, dass der Hörer nicht mehr mitkommt. Im folgenden Beispiel fehlen Höreraktivitäten, auch wenn der Sprecher diese ‚provoziert', indem er Pausen macht und mit *na?* nachfragt. Am Ende stellt sich heraus, dass der Hörer das Gesprächsthema nicht verstanden hat.

Beispiel 12:
M: So, ( ), Sie haben heute bei mir ein Termin und zwar ( ) beim Herrn X endet am zweiten sechsten eine ( ) Hilfe. Im Moment sind Sie noch krankenversichert, ab dritten sechsten wird die Versicherung über Arbeitsamt nicht mehr möglich, na? ((1 Sek.)) Ich würde Ihnen den Zettel mit der AOK schon geben ((1 Sek.)) und diesen Zettel können Sie bei der AOK abgeben, dass die Versicherung nicht mehr vom Arbeitsamt übernommen wird, sondern von uns, na?
K: ( ) AOK?

Der Zugzwang eines Gesprächs ist oftmals so stark, dass der Hörer auch beim Nichtverstehen der Aussage des Sprechers nickt oder *ja* sagt, einfach, weil der Sprecher dies erwartet. Beim nächsten Beispiel handelt es sich um ein Gesprächsfragment, in dem der ukrainische Klient mit einem interessierten *aha?* reagiert, jedoch letztendlich nichts versteht, wie die Sachbearbeiterin zuvor festgestellt hat. Die daraus entstehenden Konsequenzen teilt die Sachbearbeiterin anschließend der ebenfalls anwesenden Frau des Klienten mit, die etwas besser Deutsch versteht als ihr Gatte.

Ein ähnlicher Fall stellt das Beispiel 6 da. Der Klient reagiert nur mit einem zustimmenden *hmhm*, ohne die Frage zu beantworten.

Beispiel 13:
M: *[langsam]* Können Sie mir was über Ihre Reise erzählen aus Russland hier nach Deutschland.
K: ((2 Sek.))
M: Gut. Dann kann ich jetzt sagen ee es ist heute festgestellt worden dass sich der Herr S nicht auf einfache Art in deutscher Sprache verständigen kann.
K: Aha?
M: Ne? Ee das heißt er ist zu verpflichten einen Integrationskurs hier in Sommerdorf zu besuchen.

6.9.2. Nicht-sprachliches Handeln

Statt der Hörersignale kann auch *nonverbales*, also nicht-sprachliches Handeln (z.B. Kopfnicken und Gesichtsausdruck) ein Verstehen oder Nichtverstehen signalisieren.

Im folgenden Beispiel reagiert die Sachbearbeiterin anscheinend auf die Mimik der ausländischen Klientin:

Beispiel 14:
M: Ham Sie jetzt Frau B. vom Arbeitsamt eh dass Se sich vielleicht dort gemeldet haben oder Angebote oder se (jetzte) an Ihnen Angebote unterbreitet hat . sowas ham nich mit oder nicht bekomm ((2 sek.)) Wissen Se ne? Dass Se sich unterhalten und dass Se sich/ . manchmal gibts was so dass man sich dort meldet und dass die Ihnen Angebote ausdrucken oder irgendsowas/ Sie (allerdings) nicht bekomm? ((2 sek.)) Wissen Sie was ich meine, oder nich so richtig?

Die Sachbearbeiterin macht in diesem Beispiel zwei lange Pausen. Als auf das vorher Gesagte jedoch keine Reaktion erfolgt, fragt sie nochmals nach. Dies ist ein gutes Verfahren, um das Verstehen des Gesprächspartners zu überprüfen.

6.9.3. Falsche oder unerwartete Reaktion des Klienten

Missverstehen zeigt sich häufig in der unmittelbaren Antwort des Klienten, gelegentlich jedoch auch erst später im Gesprächsverlauf. Im folgenden deutsch-deutschen Beispiel hat die Klientin missverstanden, wer nun *unterhaltspflichtig* ist:

Beispiel 15:
M: So, alleine sind Sie?
K: ja
M: Und unterhaltspflichtige Angehörige außerhalb des Haushaltes?
K: nee
M: Ihre Eltern?
K: nee
M: Ihre Kinder? Sie ham keine Kinder und keine Eltern?
K: Die sin alle schon selber drübn un arbeiten
M: Ja deswegen sin die ja unterhaltspflichtig
K: Was unterhaltspflichtig, die arbeiten doch
M: Aber die sind UNTERHALTSPFLICHTIG
K: DIE sind unterhaltspflichtig?
M: Ja, Ihnen gegenüber lebenslang.

Das folgende Beispiel ist die Transkription einer längeren Gesprächssituation, an der neben der deutschen Sachbearbeiterin ein ukrainischer Klient beteiligt ist. Hier kommt es gleich mehrfach zu Missverständnissen:

Beispiel 16:
M: Dann geb ich Ihnen alles so zum Schluss und Sie müssen sich=s von irgendjemanden übersetzen lassen.
K: hm.
M: Sie können jetzt eigentlich vor der Tür draußen warten, ich mach=s hier soweit fertig. ((3 Sek.))
K: Nicht verstehn ( )
M: Dann müssen Sie einen Dolmetscher/ einen Freund/ irgendjemanden mitbringen, ((4 Sek.)) Nehmen Sie noch mal draußen Platz, ich mach jetzt alles fertig und ich geb=s Ihn=n dann einfach mit und Sie klären im nachhinein.
K: Hm. ((4 Sek.))
M: Warten Sie bitte noch mal vor der TÜR,
K: Куда?
  Kuda?
  Wohin?
M: Sie sollen bitte noch mal draußen warten.
K: Drau-ßen,
M: WARTEN. *[zeigt mit dem Finger auf die Tür]*
K: Ну ( )? ( ). A. Там?
  Nu ( )? ( ). A. Tam?
  Na ( )? ( ) Aha. Dort?

Die Aufforderung der Behördenmitarbeiterin, draußen zu warten, versteht der ukrainische Klient nicht. Zunächst gibt er ihr dies ausdrücklich zu verstehen („nicht verstehn"). Die Mitarbeiterin nimmt hingegen an, dass er ihre vorherige Aufforderung, jemanden zum Dolmetschen zu suchen, nicht verstanden hat, und wiederholt diese. Anschließend bittet sie ihn nochmals, draußen Platz zu nehmen. Erst als der Klient weiter sitzen bleibt und nur mit einem *hm* reagiert, wird ihr klar, dass er nichts verstanden hat. Als die Mitarbeiterin mit einer Geste verdeutlicht, wozu sie den Klienten aufgefordert hatte, löst sich die Situation. Ausgeprägte Gestik oder Mimik können ein gegenseitiges Verstehen erleichtern.

6.9.4. Nachfragen seitens des Klienten
Aus Nachfragen eines Klienten kann man auch auf Missverständnisse schließen, wie dies im folgenden interkulturellen Gespräch zwischen einer Sachbearbeiterin und einem Aussiedler-Ehepaar geschieht:

Beispiel 17:
M: Und Sie ham eene Einstellung für Wohngeld aber bekommen von mir
K: nein
M: S=is am elftn siemtn erst raus . am elften Juli
K1: hm
M: ein Brief
K1: Wir haben keinen Brief
M: Den ham Sie noch nicht. Mit diesem Brief müssen Sie auf die Wohngeldstelle gehen um Wohngeld beantragn.
K1: ((2 Sek.)) Na gut wo ist der Brief?
M: Den hab ich zu Ihn geschickt.
K1: ((2 Sek.)) Aber nichts angekommen.
K2: nee
M: Das is ja auch erst am Dienstag gewesn . . guggen Se mal am elften siebenten
K1: nein
K2: nee
M: Der muss noch komm=n.
K1: Der muss noch kommen?

Die bisher dargestellten Strategien zielen auf die Beobachtung des Klienten ab. Daneben gibt es auch Verfahren, bei denen die Behörden-Mitarbeiter selbst Initiativen ergreifen, um sicherzugehen, dass ihre Äußerungen verstanden wurden. Hierzu im Folgenden einige Fragestrategien.

6.9.5. Fragen an den Klienten

Es ist möglich, dass manche Klienten keine Fragen stellen, auch wenn sie einen Sachverhalt oder die Aussagen des Sachbearbeiters nicht verstanden haben. Dies kann daran liegen, dass sie diese Handlungsoption aus der Behördenkommunikation in ihrer Kultur nicht kennen oder dass es ihnen unangenehm ist, ihre geringen Deutschkenntnisse zu zeigen. Deshalb ist es wichtig, nachzufragen, ob der Klient den Aussagen folgen kann. Dies kann folgendermaßen geschehen.

Kontrollfragen:

    Beispiel 18:
    M: Wissen Sie was Lager is . wissen Sie was=n Gabelstapler is?

Rückfragen, die Verständnis sichern:

    Beispiel 19:
    M: Verstehn Sie mich ungefähr?

    Beispiel 20:
    M: Verstehn Sie was ich meine?

Entscheidungsfragen:
Die Entscheidungsfrage der Sachbearbeiterin im nachstehenden Gesprächsausschnitt zwingt die Klientin zur Antwort, und spätestens dabei wird sich zeigen, ob sie die Erklärungen verstanden hat.

    Beispiel 21:
    M: Und noch mal ne Umschulung in der Richtung übers Arbeitsamt . dass Sie sach=mor=ma dort wieder reinkommen . in Richtung sach=mor=ma die Alten oder die Kranken zu pflegen, wolln sie nich machen?

6.10. Wie Missverständnisse und Nicht-Verstehen vermieden bzw. behoben werden können

6.10.1. Paraverbale Mittel
Die bereits oben genannten paraverbalen (sprachbegleitenden) Mittel helfen, Missverständnisse zu vermeiden. Wichtig ist vor allem ein langsames, ausreichend lautes und deutliches Sprechen, möglichst dialektfrei:

Beispiel 22:
M: Sie sprechen gut Deutsch aber noch nicht so gut Deutsch dass ein Arbeitgeber sicherlich sagen würde ...

Mit kleinen Pausen kann man dem Klienten signalisieren, wann er an der Reihe ist zu sprechen:

Beispiel 23:
M: Un könn Sie das mit Ihrer Wirbelsäule? . Ich meen Gartenarbeit ist ja ouch ne schwere Arbeit. Nicht nur, aber auch mit . no? ((2 Sek.)) Und da gibts ja oft Probleme vom Körperlichen her. Könn Sie sich das vorstelln dass Sie das schaffn? ((4 Sek.)) Oder wird das nicht zu schwer . körperlich?

Die Sachbearbeiterin macht in diesem Beispiel mit längeren Pausen deutlich, dass sie von der Klientin eine Antwort erwartet.
Man kann auch die Aufmerksamkeit des Hörers lenken, indem man vor wichtigen Passagen oder Worten eine kurze Pause macht:

Beispiel 24:
M: Also wir ham . zwei . Möglichkeiten
M: Zwölfneunundneunzig bekommen Sie auch . Sozialhilfe plus . Geld . von der Arbeit no?

Die Pausen vor *zwei,* vor *Sozialhilfe* und vor *Geld* helfen in diesem Beispiel, Wichtiges hervorzuheben.
Ebenfalls wichtig ist die *Intonation* – die Betonung und der Wechsel in der Tonhöhe einer Äußerung. In längeren Aussagen hilft die Intonation, den ‚roten Faden' zu markieren, wie das nächste Beispiel zeigt. Hier können bei der Erklärung der weiteren Schritte eines Handlungsverlaufs die einzelnen Schritte durch besondere Betonung hervorgehoben werden:

Beispiel 25:
M: ... da könnten Sie nachher nochmals mitkommen/ da schreib ich Ihnen, die Adresse, drauf . wo, das ist/ da könn Se, eigentlich wenn Se Lust haben heute,/ oder Zeit haben besser gesacht/ . heute, noch hingehen/ die sind bis vierzehn Uhr anzutreffen.

6.10.2. Bewusster Umgang mit der Fachsprache

Einerseits ist die Behördenkommunikation ohne Fachsprache umständlich und geradezu unvorstellbar. Andererseits sind Fachausdrücke häufig Ursache von Missverständnissen. Deshalb sollte man versuchen, Fachbegriffe möglichst zu vermeiden. Sollte ihr Einsatz trotzdem notwendig sein, sollte man sie erklären und umformulieren.

Beispiel 26:
M: Und der Urlaubsschein der ist gebührenpflichtig. ((1 Sek.))
K: (Das heißt)?
M: Der kostet Geld.
K: Aja natürlich ist (fünf Euro) oder?

Beispiel 27:
M: Bekommen Sie Leistungen nach dem Asylbewerberleistungsgesetz, nach dem Sozialgesetz(buch) zwo oder zwölf?
K: *[zögernd]* nee
M: *[lacht]* Woher bekommen Sie Ihr Geld?
K: Also von Sosialamt.

Die Erklärung kann sprachlich sein, wie in den obigen Beispielen: Im ersten erklärt ein Sachbearbeiter den Begriff *gebührenpflichtig,* und im zweiten passt der Mitarbeiter seine ursprüngliche Frage an das Laienwissen des Klienten an. Ebenso können schwierige Begriffe unter Zuhilfenahme von Gestik oder Mimik, also wie in einer Pantomime, erklärt werden.

Beispiel 28:
M: Wie so=n kleines Auto, un das macht so . *[zeigt Kastenform mit Händen]* kann so hoch und runter machen, wenn Sie so Sachen *[zeigt mit Händen Bewegung hoch und runter]* zum Beispiel ham im/ im/ im Regal *[zeigt an Wand imaginäres Regal und Gabelstapler]* und das Auto macht die Sachen so rein, so im Lager.

Die Erklärung, wie ein *Gabelstapler* funktioniert, wäre rein sprachlich ziemlich umständlich. Die Sachbearbeiterin löst diese Aufgabe effektiv, indem sie die Arbeitsschritte vorspielt. Manchmal kann auch eine rasch angefertigte Zeichnung hilfreich sein.

6.10.3. Bewusster Umgang mit dem Satzbau
Die Behördensprache weist häufig einen komplizierten Satzbau auf. In der Kommunikation mit Nicht-Muttersprachlern ist es aber vorteilhaft, einen einfachen, kurzen Satzbau mit fester Wortstellung einzuhalten.

Beispiel 29:
M: Sie brauchen gar nichts machen, das macht alles die Frau H oder der Herr R . Sie brauchen gar nichts machen, das macht alles später die Arbeit.

Hingegen sollte darauf geachtet werden, das Sprachniveau des Klienten nicht zu unterschätzen, da ihn die Benutzung einer zu stark vereinfachten ‚Kindersprache' kränken könnte.

6.10.4. Unterstützung des Klienten beim Sprechen und aktives Zuhören

Mit den im Folgenden genannten Techniken kann abgesichert werden, dass das vom Klienten Gesagte richtig verstanden wurde. Gleichzeitig vermitteln sie dem Klienten das Gefühl, dass er ernstgenommen und ihm aufmerksam zugehört wird.

Das vom Klienten Gesagte kann vom Sachbearbeiter mit eigenen Worten zusammengefasst werden, wobei eine Konzentration auf den Kern der Klientenaussage wichtig ist. Zugleich kann – wie im folgenden Beispiel – dem Klienten sprachlich geholfen werden:

Beispiel 30:
M: Die eine Möglichkeit is, dass wir Sie in ein Projekt geben . ab Januar ((1,5 Sek.))
K: hm [*nickt*]
M: in Richtung Medienassistent, das is=ne Ausbildung . am Computer ((1,5 Sek.))
K: hm [*nickt*]
M: mit nem Praktikum . befristeter Arbeitsvertrag über ein ganzes Jahr. So. ((1 Sek.)) Oder wir haben die Möglichkeit Sie sofort zu vermitteln, wo Sie ouch in Richtung Krankenschwester was Sie ja schon gemacht ham ((1,5 Sek.))
K: [*verzieht das Gesicht*]
M: wieder eingesetzt werden können.
K: Krankenschw/ Krankenschwester schwere ((1 Sek.)) ich äh äh eine Monat Praktikum gemacht [*fährt sich mit dem Finger über die Kehle*] schwere/ schwere/ ((1,5 Sek))
M: schwere Arbeit
K: [*nickt, seufzt*] Ich ( ) Jahre alt . Frau . Nein. ( ) Schwere Kranken [*macht erklärende Handbewegungen, schüttelt den Kopf*] Nein. Hier äh schwere Arbeit Krankenschwester. ((0,5 Sek.))
M: Also Sie hätten mehr Interesse jetzt äh sach=mor=mal noch was anderes dazu zu lernen und dann . computermäßig das ouch zu machen.
K: [*nickt*] hm

Hier werden die Worte bzw. Aussagen der Klientin rephrasiert, also verdeutlichend und mit anderen Worten wiedergegeben. Dabei lässt sich die Alltagssprache des Klienten in die Fachsprache umformulieren.
Dies ist von Vorteil, wenn der Fachbegriff auch im späteren Verlauf des Gesprächs häufig vorkommen wird und sich dadurch wiederholte umständliche Umschreibungen vermeiden lassen, wie im folgenden Beispiel:

Beispiel 31:
K: Ja, aber mich . verboten bau äh Straßen
M: Sie haben ein ärztliches Gutachten.

Oft suchen ausländische Klienten im Gespräch selbst nach präzisen Begriffen. Dabei kann man ihnen helfen:

> Beispiel 32:
> K: ... Heizung und äh Luft/ äh Luft/ Luft/ [*zeigt mit einer Hand nach oben*] ähm ähm hm Luft [*zeigt auf Heizung*]
> M: Heizung
> K: Heizung und äh sch/ äh Luft ähm
> M: Umlüftung
> K: Ja ja gut.

Ein Wiederholen der Worte des Klienten zeigt diesem, dass seine Äußerungen verstanden wurden und dass der Sachbearbeiter ihm folgen kann. Dies wird im nachstehenden Beispiel deutlich:

> Beispiel 33:
> K: Aber meine Freundin lebt in Berlin und ich möchte nach Berlin und ich ähhh
> M: Sie möchten nach Berlin.
> K: Ja ich hab dort auch schon, auch schon von Arbeitsamt, ( ), ich habe für mich äh Wohnung dort äh, äh ja äh gefunden.

Dank der Wiederholung der Aussage durch die Sachbearbeiterin kann die Klientin sicher sein, dass der für sie wichtige Punkt verstanden wurde und dass sie mit ihrer Argumentationskette fortfahren kann.

6.10.5. Darlegen von komplexen Sachverhalten und institutionellen Verfahren

Institutionelle Verfahren und Sachverhalte bei Behörden sind für Außenstehende häufig sehr komplex, und ihre Darstellung ist gerade bei nichtmuttersprachlichen Klienten schwierig. Deshalb ist es besonders wichtig, gedanklich die Perspektive des Klienten mit Blick auf die Gesprächssituation einzunehmen. Dabei können Sachbearbeiter zu ihrem eigenen Laienwissen wechseln und die Informationen entsprechend strukturieren und präsentieren. Dabei helfen folgende Strategien:

Die eigenen Aussagen können *umformuliert*, also mit anderen Worten wiederholt werden:

> Beispiel 34:
> M: Zwölfneunundneunzig bekommen Sie auch . Sozialhilfe plus . Geld . von der Arbeit no?
> M: Bekommen Sie zweimal Geld.

Es ist manchmal hilfreich, den Sachverhalt *zusammenzufassen*:

> Beispiel 35:
> M: Ja dann machen=wa=s jetzt so, ich geb Ihnen die Duldungen wieder mit, und Sie kommen Montag oder Dienstag vorbei.

Hier fasst der Sachbearbeiter das Ergebnis des vorhergehenden Gesprächs zusammen, eingeleitet mit *ja dann*.

> Beispiel 36:
> M: Also es ist im Moment das Angebot muss ich so sagen . was anderes . hätt ich im Moment gar ne . was ich anbieten könnte

Das Beispiel wird mit *also* eingeleitet, um die Aufmerksamkeit des Klienten *zu lenken*.

Komplexe Aussagen lassen sich für den Klienten *vorformulieren*, wie im folgenden Beispiel. Die Sachbearbeiterin empfiehlt dem Klienten, in der Behörde anzurufen, um sich nach dem Verfahrensstand zu erkundigen, statt immer persönlich vorzusprechen. Dabei berücksichtigt sie die Sprachschwierigkeiten des Klienten und formuliert für ihn mehrere Sätze vor, die er am Telefon benutzen könnte. So zeigt sie ihm gleich drei verschiedene Möglichkeiten, sein Anliegen vorzutragen.

> Beispiel 37:
> M: Das beste ist sie rufen immer mal an. Und zwar mittwochs. Mittwochs ist keine Sprechzeit, dass Sie Mittwoch Vormittag mal anrufen und fragen/ sagen „mein Name ist soundso ich hab schon vor sieben Monaten den Aufenthaltstitel beantragt wie sieht=s denn aus." Na?
> K: (Noch nicht sieben Monate) vielleicht fünf Monate.
> M: Oder f/ das ist egal jetzt. Aber sagen Sie „ich hab/ ich wollte mich mal nach dem Verfahrensstand erkundigen" oder „wie weit sind Sie jetzt mit der Bearbeitung" und da kriegen Sie dann Auskunft.

Außerdem benutzt die Sachbearbeiterin die Strategie der *Wiederholung* – dadurch betont sie einprägsam, dass es sinnvoll ist, mittwochs anzurufen.

Sachbearbeiter können die Informationen, die der Klient ihnen gibt, mit ihrem institutionellen Expertenwissen vergleichen und die Informationen dabei anpassen und einordnen. Im folgenden Beispiel weist ein russischer Klient die Sachbearbeiterin darauf hin, dass er eine neue Anschrift hat. Diese reagiert sehr schnell und fragt, ob nun auch eine neue Außenstelle des Sozialamts für ihn zuständig ist:

Beispiel 38:
M: Und wer is=n jetzt / sind Sie in der Außenstelle vom Sozialamt . bei dor Frau . D oder ham Sie jetzt jetzt auch ne neue Außenstelle?

Es ist wichtig, dem Klienten im Laufe der Problemlösung die weiteren Schritte des behördlichen Ablaufs zu erklären, wie im folgenden Beispiel.

Beispiel 39:
M: Ich würde jetzt erst mal folgendes machen. Ich würde mir alles abkopieren, na? (ein bisschen) Zeit haben wir noch. Dann würde ich Ihnen diesen Antrag schon mal mitgeben, dann würde ich noch mit Ihnen einen neuen Termin vereinbaren.

Bei der *Erklärung institutioneller Abläufe* ist es auch hilfreich, abstrakte Sachverhalte anschaulich und konkret zu formulieren. Dabei sollte aus der Klientenperspektive Überflüssiges beiseite gelassen werden, und es sollten Informationen zu den Fragen *Wer? Was? Wo? Wann?* gegeben werden.
Im folgenden Beispiel informiert eine Sachbearbeiterin einen Klienten über seine Reaktionsmöglichkeiten auf einen Befristungsbescheid, den dieser vor Kurzem bekommen hat. Sie beschreibt konkret die Schritte, die der Klient im Falle eines Widerspruchs machen muss.

Beispiel 40:
M: Wenn . dann gehen Sie bitte zum Anwalt. . WIDERspruch. . weil ansonsten wenn Sie den Widerspruch nicht sofort einlegen wird das Ding bestandskräftig dann können Sie dagegen gor nichts mehr machen na? . Wer/ wer ist=n Ihr Anwalt.
K: Frau . W.
M: Na genau. Da gehen Sie bitte zu Frau W mit diesem Bescheid hin aba wenn Sie die Frist noch einwa/ ein/ . ee halten wollen aber schnell. Weil sons is/ wird der Bescheid bestandskräftig da können=se nichts dagegen machen. Zeigen Sie ihr den Bescheid und sagen damit sind Sie nicht einverstanden. . Oder Sie sagen es is für mich okay, dann müssen Sie sich aber an die drei Jahre halten.

Die Sachbearbeiterin verwendet einige weitere Techniken, die bereits besprochen wurden: Sie erklärt die von ihr benutzten Fachbegriffe *Widerspruch* („nicht einverstanden sein") und *bestandskräftig* („da können Sie nichts dagegen machen") und zeigt dem Klienten, wie er der Anwältin sein Anliegen vortragen könnte („sagen Sie, damit sind Sie nicht einverstanden").

Wichtige Termine, Informationen, Berechnungen, eventuell im Gespräch gemachte Vereinbarungen und für den nächsten Termin notwendige Unterlagen können für den Klienten *aufgeschrieben* werden; so kann sich der Klient besser vorbereiten und auch die Verwaltungsschritte nachvollziehen.

Beispiel 41:
M: Und Sie kommen bitte am Montag noch mal her. Ich schreib's Ihnen auf.
K: bitte schreiben *[zeigt auf Notizzettel]*
M: Ich schreib's Ihnen auf.

7. Schlussbemerkung

Wir hoffen, dass die vorliegende Gesprächsfibel die interkulturellen und institutionellen Zusammenhänge in der Behördenkommunikation verdeutlichen konnte. Diejenigen Leserinnen und Leser, die beruflich in Ämtern und Behörden tätig sind, werden mit Sicherheit ihren Berufsalltag in den vielen Praxisbeispielen wiedererkannt haben.
Doch der effektivste Weg, um Wissen und Handeln, Theorie und Praxis zu verbinden, ist die Teilnahme an einem interkulturellen Kommunikationstraining. Dort lässt sich das erworbene Wissen praxisnah umsetzen, typischerweise in Rollenspielen, die an alltägliche, berufliche Situationen angelehnt sind.
Die vorliegende Fibel kann dabei als Vorbereitung dienen. Sie lässt sich darüber hinaus auch für die Wiederholung des Erlernten (Wissen und Strategien) nach einem Training benutzen, um das Gelernte aufzufrischen oder um den einen oder anderen besonderen Aspekt vertiefend nachzulesen.

Wir wünschen Ihnen, liebe Leserinnen und Leser, viel Freude am interkulturellen Berufsalltag und Erfolg für die berufliche Weiterentwicklung!

Nachwort

Die vorliegende Gesprächsfibel ist Ergebnis mehrerer Erarbeitungsschritte. Sie beruht auf einem Text, der als Begleitmaterial bei einem in der Stadt Chemnitz durchgeführten interkulturellen Kommunikationstraining eingesetzt wurde. Das Training wurde in den Jahren 1996–2000 im Rahmen einer damaligen Kooperation zwischen Professor Bernd Müller-Jacquier, Professur *Interkulturelle Kommunikation* an der Technischen Universität Chemnitz, und der Stadt Chemnitz durchgeführt. Dieses Material wurde unter Beteiligung von Gratien Atindogbé, Natalia Solovjeva, Anke Teubner, Jan ten Thije und Cornelia Wustmann entwickelt.

Die damaligen Trainingsunterlagen wurden in eine erste Auflage der Gesprächsfibel eingearbeitet. Sie erschien 2005, herausgegeben von der Ausländerbeauftragten der Stadt Chemnitz, Heike Steege. Das Erscheinen wurde durch finanzielle Unterstützung der Stiftung *Weiterdenken e.V.* und der Ausländerbeauftragten von Sachsen möglich. Dieser Band war speziell an Behördenmitarbeiter des Freistaats Sachsen gerichtet und enthielt ein von Heike Steege verfasstes Kapitel zu den größten Migrantengruppen in Sachsen. Die Broschüre wurde kostenlos in den sächsischen Behörden verbreitet.

Im Rahmen der breiten Diskussion des Bedarfs einer interkulturellen Öffnung der Behörden erwies sich eine Anpassung des zweiten Drucks der Gesprächsfibel für ein größeres Publikum als sinnvoll. Aus dieser Perspektive heraus wurde das Kapitel 2, *Zuwanderer in Deutschland,* neu verfasst. Außerdem wurde der Text durch Ulrich Bauer, Ulrike Wrobel und Konrad Ehlich erneut durchgesehen und kommentiert.

Wir danken allen an der Realisierung dieses Projekts Beteiligten für ihre inspirierende und langfristige Mitarbeit, ohne die diese Gesprächsfibel nicht zustande gekommen wäre. Verbleibende Fehler und Unzulänglichkeiten gehen zu Lasten der Autoren.

Verwendete Literatur

Bade, Klaus J. (1994): Ausländer – Aussiedler – Asyl: eine Bestandsaufnahme. München: Beck.

Becker-Mrotzek, Michael (2001): Gespräche in Ämtern und Behörden. In: Brinker, Klaus / Antos, Gerd / Heinemann, Wolfgang / Sager, Sven F. (Hg.): Text- und Gesprächslinguistik: Ein internationales Handbuch zeitgenössischer Forschung. 2. Halbband. Berlin: de Gruyter, S. 1505–1525.

Becker-Mrotzek, Michael / Ehlich, Konrad / Fickermann, Ingeborg (1992): Bürger-Verwaltungs-Diskurse. In: Fiehler, Reinhard / Sucharowski, Wolfgang (Hg.): Kommunikationsberatung und Kommunikationstraining. Anwendungsfelder der Diskursforschung. Opladen: Westdeutscher Verlag, S. 234–253.

Bundesamt für Migration und Flüchtlinge (2006): Migrationsbericht 2005. www.bamf.de, letzter Zugriff: 31.12.06.

Currle, Edda / Wunderlich, Tanja (2001): Deutschland – ein Einwanderungsland? Rückblick, Bilanz und neue Fragen. Stuttgart: Lucius & Lucius.

Ehlich, Konrad (1991): Linguistic ‚Integration' and ‚Identity' – the Situation of Migrant Workers in the EC as a Challenge and Opportunity. In: Coulmas, Florian (ed.): A Language Policy for the European Community. Prospects and Quandaries. Berlin / New York: de Gruyter, S. 195–213.

Ehlich, Konrad / Becker-Mrotzek, Michael / Fickermann, Ingeborg (1989): Gesprächsfibel. Ein Leitfaden für Angehörige kommunikationsintensiver Berufe in Verwaltungsinstitutionen. Hinweise und Tips zur professionellen Gesprächsführung in Bürger-Verwaltungs-Gesprächen. Dortmund: Institut für deutsche Sprache und Literatur der Universität Dortmund.

Gumperz, John J. (1982): Discourse Strategies. Cambridge: Cambridge University Press.

Knapp-Potthoff, Annelie (1997): Interkulturelle Kommunikationsfähigkeit als Lernziel. In: Knapp-Potthoff, Annelie / Liedke, Martina (Hg.): Aspekte interkultureller Kommunikationsfähigkeit. München: Iudicium, S. 181–205.

Kühne, Peter / Rüßler, Harald (2000): Die Lebensverhältnisse der Flüchtlinge in Deutschland. Frankfurt a.M.: Campus.

Lambertini, Lucia / Thije, Jan D. ten (2004): Die Vermittlung interkulturellen Handlungswissens mittels der Simulation authentischer Fälle. In: Becker-Mrotzek, Michael / Brünner, Gisela (Hg.): Analyse und Vermittlung von Gesprächskompetenz. Frankfurt a.M.: Lang & Verlag für Gesprächsforschung. (Online verfügbar: http://www.verlag-gespraechsforschung.de/), S. 175–199.

Liedke, Martina (1997): Institution und Interkulturalität. In: Knapp-Potthoff, Annelie / Liedke, Martina (Hg.): Aspekte interkultureller Kommunikationsfähigkeit. München: Iudicium, S. 155–179.

Verwendete Literatur

Müller-Jacquier, Bernd / Thije, Jan D. ten (2000): Interkulturelle Kommunikation: interkulturelles Training und Mediation. In: Brünner, Gisela / Becker-Mrotzek, Michael / Cölfen, Hermann (Hg.): Linguistische Berufe. Ein Ratgeber zu aktuellen linguistischen Berufsfeldern. Frankfurt a.M. u.a.: Peter Lang, S. 39–59.

Nothdurft, Werner / Reitemeier, Ulrich / Schröder, Peter (1994): Beratungsgespräche. Analyse asymmetrischer Dialoge. Tübingen: Narr.

Nuscheler, Franz (2004): Internationale Migration: Flucht und Asyl. 2. Auflage. Wiesbaden: Verlag für Sozialwissenschaften.

Porila, Astrid / Thije, Jan D. ten (2007): Ämter und Behörden. In: Straub, Jürgen / Weidemann, Arne / Weidemann, Doris (Hg.): Handbuch interkulturelle Kommunikation und Kompetenz. Grundbegriffe – Theorien – Anwendungsfelder. Stuttgart / Weimar: Metzler, S. 687–699.

Rost-Roth, Martina (1998): Kommunikative Störungen in Beratungsgesprächen. Problempotentiale in inter- und intrakulturellen Gesprächskontexten. In: Fiehler, Reinhard (Hg.): Verständigungsprobleme und gestörte Kommunikation. Opladen: Westdeutscher Verlag, S. 216–240.

Schwitalla, Johannes (1997): Gesprochenes Deutsch: eine Einführung. Berlin: Schmidt.

Seifert, Michael J. (1994): Probleme interkultureller Behördenkommunikation. In: Deutsch lernen 4, S. 329–352.

Seifert, Michael (2000): Kommunikation und Kommunikationsprobleme zwischen Migranten und Behörden. In: Dokumentation der Werkstatt Weiterbildung: Interkulturelle Öffnung sozialer Dienste. Solingen: Landeszentrum für Zuwanderung Nordrhein-Westfalen.

Thije, Jan D. ten (2000): Stufen des Verstehens in der Analyse interkultureller Kommunikation. In: Kotthoff, Helga (Hg.): Kultur(en) im Gespräch. Studien zur Fremdheit und Interaktion. Tübingen: Narr, S. 57–97.

Thije, Jan D. ten (2001): Ein diskursanalytisches Konzept zum interkulturellen Kommunikationstraining. In: Bolten, Jürgen / Schröter, Daniela (Hg.): Im Netzwerk interkulturellen Handelns. Theoretische und praktische Perspektiven der interkulturellen Kommunikationsforschung. Sternenfels: Verlag Wissenschaft und Praxis, S. 177–204.

Thije, Jan D. ten (2003a): Eine Pragmatik der Mehrsprachigkeit: zur Analyse ‚diskursiver Interkulturen'. In: de Cillia, Rudolf / Krumm, Hans-Jürgen / Wodak, Ruth (Hg.): Die Kosten der Mehrsprachigkeit – Globalisierung und sprachliche Vielfalt. Wien: Verlag der Österreichischen Akademie der Wissenschaften, S. 101–124.

Thije, Jan D. ten (2003b): The Transition from Misunderstanding to Understanding in Intercultural Communication. In: Komlósi, László I. / Houtlosser, Peter / Leezenberg, Michiel (eds.): Communication and Culture. Argumentative, Cognitive and Linguistic Perspectives. Amsterdam: Sic Sat, S. 197–213.

Weiss, Karin / Dennis, Mike (Hg.) (2005): Erfolg in der Nische? Die Vietnamesen in der DDR und in Ostdeutschland. Eine Bestandsaufnahme. Münster: LIT.

Weitere Titel aus der Reihe Sprach-Vermittlungen:

Qualitätssicherung für die DaF-Vermittlung
(Sprach-Vermittlungen 1)
Von Irita Birzniece
2006, 275 Seiten, Paperback, Euro 38,90/65,00 CHF, ISBN 978-3-89975-074-4

Um die Qualität von Sprachvermittlung transparent zu machen und diese Qualität zu garantieren, bietet sich für den DaF-Unterricht und DaF-Sprachinstitute die Verwendung externer Qualitätssicherungsverfahren (QS-Verfahren) an.

Im Mittelpunkt der Arbeit stehen die Erfahrungen zertifizierter Sprachinstitute mit den jeweiligen Verfahren sowie die Auswirkungen, die diese Verfahren auf Unterricht und Organisation haben.

Möglichkeiten und Grenzen externer Qualitätssicherungsverfahren im DaF-Bereich werden diskutiert. Abschließend werden Verbesserungsvorschläge formuliert, die als Grundlage für die Optimierung und Weiterentwicklung der Qualitätssicherung dienen können.

Die Sprechschwelle überwinden
Sprechfähigkeit und -willigkeit italienischer Studierender in DaF
(Sprach-Vermittlungen 2)
Von Sylvia Fischer
2008, 306 Seiten, Paperback, Euro 46,90/81,50 CHF, ISBN 978-3-89975-112-3

Was verbirgt sich hinter diesen Schwierigkeiten der Lernenden, Deutsch zu sprechen? Auf den ersten Blick scheinen mangelnde Wortschatz- oder Grammatikkenntnisse verantwortlich zu sein.

Diese qualitative Studie zeigt, dass darüber hinaus ganz andere Faktoren das (Nicht)Vorhandensein von Sprechfähigkeit bzw. -willigkeit der Lernenden bedingen: unterschiedliche Auffassungen von Lehren und Lernen, bestimmte Persönlichkeitsmerkmale, Sprechhemmungen und -ängste und motivationale Aspekte sind für die mehr oder weniger hohe Sprechschwelle verantwortlich, die DaF-Lernende jeweils überwinden müssen. Die Untersuchung legt außerdem didaktische Hinweise und konkrete Unterrichtskonzepte für Lehrende dar, die das Sprechen auf Deutsch in ihrem Unterricht besonders fördern wollen.

Ihr Wissenschaftsverlag. Kompetent und unabhängig.

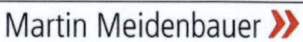

Verlagsbuchhandlung GmbH & Co. KG
Erhardtstr. 8 • 80469 München
Tel. (089) 20 23 86 -03 • Fax -04
info@m-verlag.net • www.m-verlag.net